Heinrich Leonhard

Beitrag zur Kritik der Schopenhauerschen Erkenntnistheorie,

insbesondere in ihrer Anwendung auf das euklidsche Beweisverfahren

Heinrich Leonhard

Beitrag zur Kritik der Schopenhauerschen Erkenntnistheorie,
insbesondere in ihrer Anwendung auf das euklidsche Beweisverfahren

ISBN/EAN: 9783743430808

Hergestellt in Europa, USA, Kanada, Australien, Japan

Cover: Foto ©Thomas Meinert / pixelio.de

Manufactured and distributed by brebook publishing software (www.brebook.com)

Heinrich Leonhard

Beitrag zur Kritik der Schopenhauerschen Erkenntnistheorie,

Beitrag zur Kritik
der
Schopenhauerschen Erkenntnistheorie,
insbesondere in ihrer Anwendung

auf das

Euklidsche Beweisverfahren.

Inaugural-Dissertation

zur

Erlangung der Doctorwürde

bei der

philosophischen Fakultät

der Rheinischen Friedrich-Wilhelms-Universität zu Bonn

eingereicht

und mit den beigefügten Thesen vertheidigt

am 20. Juni 1891, mittags 12 Uhr

von

Heinrich Leonhard
aus Grünberg in Schlesien.

Opponenten:

Adelbert Scheffen, Kandidat des höheren Lehramts,
Nicolaus Schütz, Kandidat des höheren Lehramts,
Ernst Temming, cand. philos.

Bonn,
Universitäts-Buchdruckerei von Carl Georgi.
1891.

I.

Die ursprünglichste, weil einfachste und nächstliegende Methode, auf dem Grunde einer verhältnismässig kleinen Anzahl teils denknotwendiger Gesetze, teils aus der Anschauung unmittelbar sich ergebender Thatsachen das breite und hohe Gebäude der elementaren Geometrie zu errichten, von der Wissenschaft nach demjenigen, der zuerst ihre Prinzipien in konsequenter Weise und ausgedehntem Masse anwandte, als das Euklidsche Beweisverfahren bezeichnet, ist von Arthur Schopenhauer zum Gegenstande eines Angriffs von so schwer wiegender Bedeutung gemacht worden, dass er, wenn seine Berechtigung zugestanden werden müsste, ein vernichtender zu nennen wäre. Derselbe ist nicht auf eine Stufe zu stellen etwa mit den Einwürfen, die man einerseits vom Standpunkte der analytischen, andrerseits von dem der projektivischen Geometrie aus gegen das Euklidsche Verfahren erhoben hat, dass dasselbe den Gegenstand nicht mit Sicherheit zu erschöpfen vermöge, oder dass es den Zusammenhang der abgeleiteten räumlichen Beziehungen unter sich nicht deutlich zum Ausdruck bringe; denn diese Einwürfe, vom fachwissenschaftlichen Gesichtspunkte aus gemacht, betreffen lediglich die Zweckmässigkeit der Methode, indem sie gleichzeitig auf andere Wege hinweisen, welche die geometrischen Wahrheiten in grösserer Vollständigkeit und Übersichtlichkeit, auf kürzerem Wege und bei einheitlicherer Untersuchungsweise abzuleiten ermöglichen. Sie erklären sich demnach durch den naturgemässen Entwickelungsgang der Wissenschaft, die im Lauf der Jahrhunderte nicht nur in dem Gesamtinhalt ihrer Ergebnisse, sondern auch in der Fruchtbarkeit, überhaupt in der Zweckmässigkeit ihrer Methoden Fortschritte gemacht hat, ohne dadurch die Ergebnisse älterer Methoden in ihrem Werte zu beeinträchtigen. Im Gegenteil hat sogar die alte Methode auch noch neben den neueren weitere Anwendung gefunden und dabei sowohl zu neuen Resultaten als zur Vereinfachung der Herleitung früherer Ergebnisse auf demselben Boden geführt, und namentlich hat sie unter teils ausdrücklicher, teils stillschweigender Zustimmung der Fachmänner bis zum heutigen Tage die Herrschaft behauptet auf dem Gebiete der Jugendbildung, und zwar mit solcher Entschiedenheit, dass sogar die auf anderem Wege gewonnenen Ergebnisse — so die Lehre von harmonischen Punkten und Strahlen, von Pol und Polare — um der Jugend dargeboten zu werden, erst in die alte, Euklidsche Form umgegossen worden sind. Dies alles würde nicht mehr statthaft erscheinen können, wenn der Schopenhauersche Einwand gegen das Verfahren des Euklid als stichhaltig anerkannt werden müsste, da dieser sich nicht sowohl gegen die Zweckmässigkeit, als gegen die **Berechtigung** dieses Verfahrens wendet, oder, mit anderen Worten, dasselbe nicht vom fachwissenschaftlichen, sondern vom erkenntnistheoretischen Standpunkte angreift. — Die Stellen in den Schopenhauerschen Schriften, in denen dieser Gedanke am entschiedensten zum Ausdruck gelangt, sind: „Über die vierfache Wurzel des Satzes vom zureichenden Grunde", 4. Auflage (in der Folge kürzer durch „G." bezeichnet), VI. Kapitel, § 39 (S. 133 bis 139); „Die Welt als Wille und Vorstellung", 5. Auflage (in der Folge kürzer durch „W." bezeichnet, I. Band, § 15, erster Teil (S. 82 bis 94); desselben Werkes II. Band, Kapitel 13 (S. 142 bis 145); daneben auch vielfache gelegentlich eingestreute Bemerkungen, wie namentlich W. I S. 78[1]) und S. 519[2]), in welch letzterer Schopenhauer sich bemüht, die Autorität Kants für die Richtigkeit seiner Ansicht ins Feld zu führen, ohne jedoch, um dies gleich vorwegzunehmen, für seinen Seinsgrund an ihm eine Stütze zu finden, da Kant nur von „unmittelbarer Evidenz" aus der Anschauung spricht.

Man sollte meinen, dass ein so schwer wiegender Einwurf gegen ein hoch angesehenes, wenn auch zum Teil überholtes Verfahren auf einem der wichtigsten Gebiete der mathematischen Wissenschaften, von einem in seiner Bedeutung heute nicht mehr verkannten Philosophen erhoben, auf die mathematische Welt einen tiefen Eindruck hätte machen müssen; dass er die Mathematiker in zwei Parteien hätte spalten müssen, von denen die eine, die Berechtigung des Einwurfes anerkennend, die Forderung erhoben hätte, das Euklidsche Verfahren fortan wie aus der Wissenschaft so auch aus der Schule zu verbannen, die andere bestrebt gewesen wäre, die Hinfälligkeit jenes Einwurfes nachzuweisen. Aber die Berücksichtigung des Schopenhauerschen Einwandes und die Stellungnahme zu

---

1) „Daher muss es irgendwie möglich sein, jede Wahrheit, die durch Schlüsse gefunden und durch Beweise mitgeteilt wird, auch ohne Beweise und Schlüsse unmittelbar zu erkennen. Am schwersten ist dies gewiss bei manchen komplizierten mathematischen Sätzen .... allein auch eine solche Wahrheit kann nicht wesentlich und allein auf abstrakten Sätzen beruhen, und auch die ihr zum Grunde liegenden räumlichen Verhältnisse müssen für die reine Anschauung a priori so hervorgehoben werden können, dass ihre abstrakte Aussage unmittelbar begründet wird."

2) „Besonders nämlich ist Kant mit seinen Gedanken nicht zu Ende gekommen darin, dass er nicht die ganze Eukleidische Demonstriermethode verwarf, nachdem er doch S. 87, V, 120, gesagt hatte, alle geometrische Erkenntnis habe aus der Anschauung unmittelbare Evidenz."

demselben ist nur in sehr spärlichem Umfange erfolgt. In J. C. V. Hoffmanns „Zeitschrift für mathematischen und naturwissenschaftlichen Unterricht", 16. Jahrgang (1885), S. 105 bis 107 und S. 181 bis 190 finden sich die wenigen Abhandlungen angegeben, die sich mit dem Gegenstande beschäftigen. Ohne diese Angaben wäre, wie wohl anzunehmen ist, der Mehrzahl der Mathematiker jener Einwurf nicht einmal bekannt geworden. Die einzigen, die vom mathematischen Standpunkte auf jene erkenntnistheoretischen Erörterungen Bezug genommen haben, sind hiernach C. R. Kosack (Gymnasialprogramm Nordhausen von 1852) und J. C. Becker („Abhandlungen aus dem Grenzgebiete der Mathemathik und Philosophie"; Zürich 1870). Der erstere lässt eine kritische Untersuchung vom Standpunkte der Erkenntnistheorie aus gänzlich vermissen; vielmehr erkennt er das Urteil Schopenhauers ohne weiteres als richtig an. Aber auch J. C. Becker, der die Frage im Zusammenhange mit anderen, verwandten Problemen behandelt, stützt sich in seiner Argumentation im wesentlichen auf die Autorität Schopenhauers, „dieses grössten Denkers unseres Jahrhunderts" (a. a. O., S. 46), indem er, auf eine kritische Erörterung verzichtend, die vier Formen des Satzes vom zureichenden Grunde sogleich zum Ausgangspunkte nimmt und (a. a. O., S. 47) sich damit begnügt, die von Schopenhauer unterlassene Definition des Seinsgrundes im Raume folgendermassen nachzuholen: „Jede „Eigenschaft eines Raumgebildes ist zugleich Grund und „Folge anderer Eigenschaften desselben." Da er fernerhin die Frage mit anderen verquickt, namentlich (a. a. O. S. 42 bis 45 und S. 52 bis 56) mit der nach der didaktischen Zweckmässigkeit, so wird der leitende Gesichtspunkt zudem völlig verschoben, so dass eine definitive Lösung der Frage auch in dieser Schrift nicht zu finden ist.

Es entsteht also die Gefahr, dass auf Grund eines in seiner Berechtigung nicht genugsam geprüften Einwandes, der zudem auf einem der Mathematik fremden Boden erwachsen ist, Angriffe gegen die Zulässigkeit einer der wichtigsten und fruchtbarsten Methoden dieser Wissenschaft gemacht werden, deren Grundlosigkeit nachzuweisen dieselbe mit ihren Mitteln ausser stande ist. Deshalb dürfte es, wenn auch sehr verspätet, doch immer noch am Platze sein, die Berechtigung jenes Angriffs zu prüfen, was natürlich nur auf erkenntnistheoretischem Gebiete möglich ist und die Notwendigkeit in sich schliesst, die gesamte Erkenntnistheorie Schopenhauers einer kritischen Erörterung zu unterziehen.

Bekanntlich hat Schopenhauer die verschiedenen Zweige der Philosophie (Erkenntnistheorie, Psychologie, Ethik, Metaphysik) nicht ausdrücklich von einander gesondert und dementsprechend einzeln behandelt, sondern die Ergebnisse auf allen diesen Gebieten stellen sich ihm, wie er selbst am Eingange der Vorrede zu seinem Hauptwerke (W. I, S. VII)[1]) nachdrücklich betont, als die Resultate der konsequenten Durchführung eines gemeinsamen Grundgedankens dar, und hierauf stützt er (W. II, S. 527) sehr folgerichtig „die Anforderung, dass wer sich mit meiner „Philosophie bekannt machen will, jede Zeile von mir lese". Da aber die Mehrzahl seiner philosophischen Schriften nur eine weitere Durchführung und Ausgestaltung einzelner seiner Grundgedanken enthält, die mit den hier in Frage kommenden nicht zusammenfallen, so können wir uns hier auf die beiden oben (S. 2) schon genannten Schriften beschränken, die wir durchweg nach den daselbst angege-

---

1) „Was durch dasselbe" (das Buch) „mitgeteilt werden soll, ist ein einziger Gedanke. Dennoch konnte ich, aller Bemühungen ungeachtet, keinen kürzern Weg ihn mitzuteilen finden, als dieses ganze Buch. — Ich halte jenen Gedanken für dasjenige, was man unter dem Namen der Philosophie sehr lange gesucht hat."

benen Auflagen citieren werden. Auch tritt der jede Kritik ausserordentlich erschwerende subjektive Charakter der Schopenhauerschen Philosophie, die längere Schlussreihen, überhaupt deduktive Begründung ausdrücklich verschmäht und die Richtigkeit vorwiegend auf die innere Einheitlichkeit als Ergebnis von Anschauung und Selbstbesinnung, begründen will (W. I, S. 76 und 77 [1]); ibid., S. 78 [2]; W. II, S. 76 und 77 [3]), uns auf diesem Gebiete, auf dem in der That die Selbstbesinnung, die „innere Anschauung", mit Abstraktionsvermögen verbunden, fast die einzigen Quellen der Erkenntnis bilden, noch nicht hindernd entgegen.

II.

Auf die Formen der Anschauung (Zeit und Raum) und die notwendigen Formen des Denkens, die sich ihm als die zwölf Kategorien des reinen Verstandes darstellten, hatte Kant die ungeheure Mannigfaltigkeit aller möglichen Vorstellungen zurückgeführt: mit ihnen glaubte er dasjenige erschöpft zu haben, was das menschliche Vorstellungsvermögen den sinnlichen Eindrücken seitens der uns

---

1) „Dieser..... Weg der Erkenntnis...... hat den alten Irrtum veranlasst, dass nur das Bewiesene vollkommen wahr sei und jede Wahrheit eines Beweises bedürfe; da vielmehr .... eine unmittelbar begründete Wahrheit der durch einen Beweis begründeten so vorzuziehen ist, wie Wasser aus der Quelle dem aus dem Aquädukt. Anschauung ...... ist die Quelle aller Wahrheit und die Grundlage aller Wissenschaft."

2) „...... so ist für eine neue Wahrheit nicht zuerst ein Beweis, sondern unmittelbare Evidenz zu suchen, und nur so lange es an dieser gebricht, der Beweis einstweilen aufzustellen."

3) „Aber auch Schlüsse geben keine durchaus neue Erkenntnis, sondern zeigen uns nur, was alles in der schon vorhandenen lag." .... „Hingegen anschauen, die Dinge selbst zu uns reden lassen .... das giebt neue Erkenntnisse."

umgebenden Körperwelt entgegenbringe, um zu der unendlichen Fülle von Vorstellungen zu gelangen. — Schopenhauer nun übernimmt von Kant Zeit und Raum als Grundformen aller sinnlichen Anschauung, streicht aber aus seiner Kategorientafel elf Kategorien als teils unklare, teils erst durch Abstraktion gewonnene Begriffe (W. I, S. 531)[1]) und lässt nur die Kategorie der Kausalität als Grundform des menschlichen Erkenntnisvermögens bestehen, die er nun aber gleich Raum und Zeit schon als notwendige Bedingung zur Entstehung jeder anschaulichen Vorstellung hinstellt (G. § 17, S. 28[2]); G. § 18; G. § 21, S. 53[3]); ibid. S. 71[4]); W. I, § 4; W. I, § 5, S. 17[5]); W. II, Kapitel 4), während Kant sie nur als eine der

---

1) „Ich verlange demnach, dass wir von den Kategorien elf zum Fenster hinauswerfen und allein die der Kausalität behalten."

2) „.... teils weil sie" (die anschaulichen Vorstellungen) „gemäss den Gesetzen des Raumes, der Zeit und der Kausalität im Verein zu demjenigen ...... Komplex verknüpft sind, der unsere empirische Realität ausmacht."

3) „Die Sinne nämlich liefern nichts weiter als den rohen Stoff, welchen allererst der Verstand, mittelst der angegebenen einfachen Formen, Raum, Zeit und Kausalität, in die objektive Auffassung einer gesetzmässig geregelten Körperwelt umarbeitet. Demnach ist unsere alltägliche, empirische Anschauung eine intellektuale ....."

4) „..... dass in ihnen" (in den Vorgängen beim Sehen) „vorwaltend der Verstand thätig ist, welcher dadurch, dass er jede Veränderung als Wirkung auffasst, und sie auf ihre Ursache bezieht, auf der Unterlage der apriorischen Grundanschauungen des Raumes und der Zeit, das Gehirnphänomen der gegenständlichen Welt zu stande bringt, wozu ihm die Sinnesempfindung blos einige Data liefert. Und zwar vollzieht er dieses Geschäft allein durch seine eigene Form, welche das Kausalgesetz ist, und daher ganz unmittelbar und intuitiv."

5) „...... dass das Sein der anschaulichen Objekte eben ihr Wirken ist, dass eben in diesem des Dinges Wirklichkeit besteht."

Grundbedingungen für die Thätigkeit des reinen Verstandes, von Schopenhauer Vernunft genannt, bezeichnet hatte, und der reinen Sinnlichkeit, d. h. nach Schopenhauers Ausdrucksweise dem Vermögen sinnlicher Anschauung, nur Raum und Zeit als notwendige Vorstellungsformen vorbehielt. Hierdurch gewinnt der Kausalitätsbegriff bei Schopenhauer eine erhöhte Bedeutung; und indem unser Denker den schon von früheren Philosophen hervorgehobenen Unterschied des Verhältnisses zwischen Ursache und Wirkung und des Verhältnisses zwischen Grund und Folge (G., 2. Kapitel, §§ 6 bis 13) in ein helles Licht rückt (G., 3. Kapitel, § 15; G., 4. Kapitel, § 20; G., 5. Kapitel, § 29), gelangt er dazu, jenen Kausalitätsbegriff wieder nur als besondere Form eines allgemeineren Gesetzes hinzustellen, das unserer gesamten Vorstellungswelt, einschliesslich der Welt der Begriffe, zu Grunde liege, und das er deshalb in wahrscheinlich beabsichtigter Doppeldeutigkeit des Ausdrucks den Satz vom Grunde betitelt, dessen allgemeiner Ausdruck folgendermassen lautet (G., 3. Kapitel, § 16, S. 27): „Nun aber findet sich, dass alle unsre Vorstellungen „unter einander in einer gesetzmässigen und der Form „nach a priori bestimmbaren Verbindung stehn, vermöge „welcher nichts für sich Bestehendes und Unabhängiges, „auch nichts Einzelnes und Abgerissenes, Objekt für uns „werden kann. Diese Verbindung ist es, welche der Satz „vom zureichenden Grund, in seiner Allgemeinheit, aus„drückt"; oder kürzer (G., 8. Kapitel, § 52, S. 158): „Der „allgemeine Sinn des Satzes vom Grunde überhaupt läuft „darauf zurück, dass immer und überall jegliches nur ver„möge eines andern ist." Nun kann man von Schopenhauer sagen, was er selbst von Kant sagt (W. I, Anhang, S. 532): „Von jetzt an war Kant nicht mehr unbefangen, „nicht mehr im Zustande des reinen Forschens und Beob„achtens des im Bewusstsein Vorhandenen; sondern er war „durch eine Voraussetzung geleitet, und verfolgte eine Ab-

„sicht, nämlich die, zu finden was er voraussetzte"; wie, nach Schopenhauers Meinung, Kant die transcendentale Logik geschaffen hat, um zur transcendentalen Ästhetik ein Pendant zu erhalten, so scheint es, dass Schopenhauer, geblendet durch die grosse Ausdehnung des Giltigkeitsbereiches des Satzes vom Grunde, andererseits stutzig gemacht durch die Verschiedenheit der Formen, die derselbe annimmt, wenn er auf die beiden Gebiete der sinnlichen Wahrnehmung und des abstrakten Denkens Anwendung findet, sich bestrebte, einerseits jenen Bereich auf noch weitere Erkenntnisgebiete auszudehnen, ihm aber gleichzeitig für diese neuen Gebiete entsprechend neue Formen zuzuschreiben (G., 3. Kapitel, § 15; W. I, § 15, S. 88). Auf diesem Wege gelangt er zu seinen vier Formen der Anwendung des Satzes, als Satz vom Grunde des Werdens, Erkennens, Seins und Handelns (G., 3. Kapitel, § 16) und findet — und hier wird seine Erkenntnistheorie metaphysisch — in der Gesamtheit dieser vier Formen des Satzes auch die übrigen, vorerwähnten Formen jeder anschaulichen Vorstellung, Zeit und Raum, gewissermassen in aufgelöstem Zustande wieder vor (W. I, § 1, S. 3[1]); W. I, § 4 Anfang; W. I, § 7, S. 30[2]); ibid. S. 38[3]); ibid. S. 40[4])); so dass ihm jetzt der Satz vom Grunde die all-

---

1) „..... und wenn jede dieser Formen" (Zeit, Raum und Kausalität), „welche alle wir als so viele besondere Gestaltungen des Satzes vom Grunde erkannt haben, ..."

2) „Sie alle aber" (Zeit, Raum und Kausalität) „lassen sich zurückführen auf einen gemeinschaftlichen Ausdruck, den Satz vom Grunde."

3) „..... er" (der Satz vom Grunde) „mag als notwendiger Nexus des Raumes oder der Zeit, oder als Kausalitäts-, oder als Erkenntnisgrundes-Gesetz auftreten."

4) „..... die Form des Objekts wieder der Satz vom Grund, in seinen verschiedenen Gestalten, deren jede die ihr eigene Klasse von Vorstellungen so sehr beherrscht, dass, wie gezeigt, mit der Erkenntnis jener Gestalt auch das Wesen der

gemeinste Vorstellungsform ist, die jeder möglichen Erkenntnis zu Grunde liegen muss, und die verschiedenen Gebiete seiner Anwendung die verschiedenen Arten möglicher Vorstellungen erzeugen (G., Vorrede zur 3. Auflage, S. XIV[1]); W. I, § 2, S. 6 und 7[2]); W. I, § 5, S. 16[3]); W. I, § 7, S. 41[4]) in Verbindung mit W. I, § 9, S. 48[5])).

---

ganzen Klasse erkannt ist, indem diese (als Vorstellung) eben nichts anderes als jene Gestalt selbst ist: so ist die Zeit selbst nichts anderes als der Grund des Seins in ihr, d. h. Succession; der Raum nichts anderes als der Satz vom Grund in ihm, also Lage . . . . . ."

1) „Ich habe daher in der vierfachen Wurzel die Objekte oder Vorstellungen in vier Klassen geteilt, innerhalb welcher stets der Satz vom Grunde herrscht, in jeder in anderer Gestalt, aber die Klasse selbst schon voraussetzt und sogar mit ihr eigentlich zusammenfällt."

2) „Ich behaupte nun überdies, dass der Satz vom Grunde der gemeinschaftliche Ausdruck für alle diese uns a priori bewussten Formen des Objekts" (Zeit, Raum und Kausalität) „ist, und dass daher alles, was wir rein a priori wissen, nichts ist, als eben der Inhalt jenes Satzes und was aus diesem folgt, in ihm also eigentlich unsere ganze a priori gewisse Erkenntnis ausgesprochen ist. In meiner Abhandlung über den Satz vom Grunde habe ich ausführlich gezeigt, wie jedes irgend mögliche Objekt demselben unterworfen ist" . . . . . . „dies geht so weit, dass das ganze Dasein aller Objekte, sofern sie Objekte, Vorstellungen und nichts anderes sind, ganz und gar zurückläuft auf jene ihr notwendige Beziehung zu einander, nur in solcher besteht."

3) „Meine Abhandlung über den Satz vom Grunde soll eben dieses leisten, dass sie den Inhalt jenes Satzes als die wesentliche Form alles Objekts, d. h. als die allgemeine Art und Weise alles Objektseins darstellt, als etwas, das dem Objekt als solchem zukommt."

4) „Doch ist zuvor noch diejenige Klasse von Vorstellungen zu betrachten, welche dem Menschen allein angehört, deren Stoff der Begriff und deren subjektives Korrelat die Vernunft ist."

5) „. . . . . so besteht auch das ganze Wesen der Begriffe,

Greifen wir zum Beginn der kritischen Erörterung dieser Grundzüge der Schopenhauerschen Erkenntnistheorie zunächst den Satz vom Grunde des Handelns heraus. Als vierte Klasse der Objekte für das Subjekt, welche der in ihr herrschenden Gestaltung des Satzes vom zureichenden Grunde unterworfen sei, stellt Schopenhauer (G., 7. Kapitel, §§ 40 und 43) den menschlichen Willen hin, den er demnach als unfrei ansieht (vgl. auch G., 4. Kapitel, § 20, S. 48 [1]) und G., 8. Kapitel, § 49, S. 154 [2]). Dass er daneben in dem Willen die deutlichste Manifestation des „Dinges an sich" entdeckt zu haben glaubt, das der gesamten Erscheinungswelt zu Grunde liege und den Kern der Welt ausmache, im menschlichen, mit Selbstbewusstsein verbundenen Willen seine vollkommenste und zugleich deutlichste, weil im Bewusstsein des erkennenden Subjekts vorhandene, Offenbarung erhalte (W. I,

---

oder der Klasse der abstrakten Vorstellungen, allein in der Relation, welche in ihnen der Satz vom Grunde ausdrückt: und da diese die Beziehung auf den Erkenntnisgrund ist, so hat die abstrakte Vorstellung ihr ganzes Wesen einzig und allein in der Beziehung auf eine andere Vorstellung, welche ihr Erkenntnisgrund ist."

1) „..... der Stein muss gestossen werden; der Mensch gehorcht einem Blick. Beide aber werden durch eine zureichende Ursache, also mit gleicher Notwendigkeit, bewegt." .... „Freiheit des Willens bedeutet ....., dass einem gegebenen Menschen, in einer gegebenen Lage, zwei verschiedene Handlungen möglich seien. Dass aber dies zu behaupten vollkommen absurd sei, ist eine so sicher und klar bewiesene Wahrheit. . . ."

2) „Die moralische" (Notwendigkeit), „vermöge welcher jeder Mensch, auch jedes Tier, nach eingetretenem Motiv, die Handlung vollziehn muss, welche seinem angeborenen und unveränderlichen Charakter allein gemäss ist und demnach jetzt so unausbleiblich, wie jede andere Wirkung einer Ursach, erfolgt."

zweites Buch; W. I, § 7, S. 36¹)), —, dieser Grundgedanke, auf dem sein ganzes metaphysisches Gebäude errichtet ist, thut der Meinung keinen Eintrag, dass der menschliche Wille, sofern er objektiver Betrachtung zugänglich ist, also den Bedingungen der Erscheinungswelt unterliegt, auch dieser Bedingung der letzteren sich fügen muss, dem Satz vom Grunde unterworfen zu sein (W. I, § 18, S. 119)²). Insofern nun Schopenhauer wiederholt (G., 3. Kapitel, § 16 Schluss; G., 4. Kapitel, § 23, S. 91³); G., 5. Kapitel, § 33, S. 109 und 110⁴); W. I, § 3, S. 8⁵)) die Identität des

1) „...... dass die objektive Welt, die Welt als Vorstellung, nicht die einzige, sondern nur die eine, gleichsam die äussere Seite der Welt ist, welche noch eine ganz und gar andere Seite hat, die ihr innerstes Wesen, ihr Kern, das Ding an sich ist: und dieses werden wir im folgenden Buche betrachten, es benennend, nach der unmittelbarsten seiner Objektivationen, Wille."

2) „Sonst" (wenn das erkennende Subjekt nicht neben der Welt als Vorstellung noch einer unmittelbareren Erkenntnis fähig wäre) „sähe er sein Handeln auf dargebotene Motive mit der Konstanz eines Naturgesetzes erfolgen, eben wie Veränderungen anderer Objekte auf Ursachen, Reize, Motive. Er würde aber den Einfluss der Motive nicht näher verstehen, als die Verbindung jeder andern ihm erscheinenden Wirkung mit ihrer Ursache."

3) „..... wodurch sich die Identität des Satzes vom zureichenden Grunde in allen seinen Gestalten, oder vielmehr die Einheit der Wurzel aller Gesetze, deren Ausdruck jener Satz ist, offenbart."

4) „Daher eben bin ich in dieser Abhandlung bemüht, den Satz vom zureichenden Grunde als ein Urteil aufzustellen, das einen vierfachen Grund hat, nicht etwan vier verschiedene Gründe, die zufällig auf dasselbe Urteil leiteten, sondern einen sich vierfach darstellenden Grund, den ich bildlich vierfache Wurzel nenne."

5) „Wem aus der einleitenden Abhandlung die vollkommene Identität des Inhalts des Satzes vom Grunde, bei aller Verschiedenheit seiner Gestalten, deutlich geworden ist...."

Satzes vom Grunde in seinen verschiedenen Gestaltungen betont, macht er sich allerdings dadurch, dass er diese vierte Gestaltung desselben von der ersten, in der er als Gesetz der Kausalität auftritt, sondert, eines Widerspruchs nicht schuldig. Indessen ist dabei nicht abzusehen, weshalb er nicht daneben eine neue Klasse von Objekten aufstellt, und dieser entsprechend eine Gestaltung des Satzes vom Grunde auf Reize, welche in der Pflanzenwelt herrschend sei. Denn er findet den charakteristischen Unterschied zwischen den Gegenständen der drei Naturreiche (G., 4. Kapitel, § 20, S. 46 [1]); W. I, § 6, S. 24 [2])) in der Gestaltung des Satzes vom Grunde in denselben; die Veränderungen auf dem Gebiete der unorganischen Körperwelt erfolgen bei ihm nach dem Gesetze von Ursache und Wirkung in dem mechanischen Sinne, in welchem die Wirkung der Ursache proportional ist; in der Pflanzenwelt daneben auch auf Reize hin, ausgeübt auf bestimmte, hierzu prädisponierte Organe, wozu endlich bei dem Reich der Tiere die Wirkung durch Motive hinzutritt, vermöge des diesen Wesen eigentümlichen Denkvermögens, das bei den Menschen zunächst nur eine weit getriebene graduelle Steigerung, aber keine wesentliche Änderung erfährt, während der charakteristische Unterschied zwischen Menschheit und Tierwelt auf der der ersteren eigentümlichen Fähig-

---

1) „Die Kausalität also, dieser Lenker aller und jeder Veränderung, tritt nun in der Natur unter drei verschiedenen Formen auf: als Ursach im engsten Sinn, als Reiz, und als Motiv. Eben auf dieser Verschiedenheit beruht der wahre und wesentliche Unterschied zwischen unorganischem Körper, Pflanze und Tier."

2) „Das Erkennen, mit dem durch dasselbe bedingten Bewegen auf Motive, ist daher der eigentliche Charakter der Tierheit, wie die Bewegung auf Reize der Charakter der Pflanze: das Unorganisierte aber hat keine andere Bewegung, als die durch eigentliche Ursachen im engsten Verstande bewirkte."

keit zur Begriffsbildung, d. h. dem Abstraktionsvermögen, mittelst der ihr eigenen Geisteskraft, der Vernunft, beruht. Nun ist aber diese Unterscheidung — von der letzten Stufe abgesehen — offenkundig naturwissenschaftlicher, nicht erkenntnistheoretischer Art, und zwar ist es, im Gegensatz zu Schopenhauers Behauptung (W. I, § 23, S. 137[1])), sehr unwahrscheinlich, dass das Gesetz der Proportionalität von Ursache und Wirkung, welches in der unorganischen Körperwelt eine so ausnahmslose Bestätigung erfährt, in der organischen Welt seine Giltigkeit völlig einbüssen solle, wenn seine Herrschaft hier auch ungleich schwerer nachzuweisen ist. Auch ist, wie Schopenhauer selbst (G., 8. Kapitel, § 49, S. 154[2])) sehr richtig hervorhebt, die alleinige Wirksamkeit des Kausalgesetzes auf alle Veränderungen im Gebiet der sinnlich wahrnehmbaren Körperwelt, einschliesslich der Lebewesen, um so schwerer zu erkennen, je höher die Wesen stehen, auf die es wirkt. Aber deshalb behält doch der Satz vom Grunde hier denselben Charakter bei, den er in der ersten Form hat, und daher ist von der Überschrift des 7. Kapitels des „Satzes vom zureichenden Grunde" wohl der erste Teil, wonach es sich um eine neue „Klasse der Objekte für das Subjekt" handelt, als berechtigt anzuer-

---

1) „Ich nenne dagegen" (nämlich im Gegensatz zu Ursach im engsten Sinne des Worts) „Reiz diejenige Ursach, die selbst keine ihrer Wirkung angemessene Gegenwirkung erleidet, und deren Intensität durchaus nicht dem Grade nach parallel geht mit der Intensität der Wirkung."

2) „...... wenn sie" (die moralische Notwendigkeit) „gleich nicht so leicht, wie jede andere, vorherzusagen ist, wegen der Schwierigkeit der Ergründung und vollständigen Kenntnis des individuellen empirischen Charakters und der ihm beigegebenen Erkenntnissphäre; als welche zu erforschen ein ander Ding ist, als die Eigenschaften eines Mittelsalzes kennen zu lernen und danach seine Reaktion vorherzusagen."

kennen, nicht aber der zweite Teil, nach welchem die hier „herrschende Gestaltung des Satzes vom zureichenden Grunde" eine andere sein soll, als die in der ersten Klasse der Objekte für das Subjekt angewandte; vielmehr musste Schopenhauer als Determinist die absolute Identität der Anwendung des Kausalgesetzes hier und dort behaupten. Im Grunde huldigt er auch dieser Anschauung, wie seine Ausführungen (G., 7. Kapitel, § 43 und W. I, § 18, S. 119[1])) beweisen; in der ersterwähnten Stelle führt er als einzigen Unterschied zwischen Kausalität und Motivation die genauere Kenntnis der wirkenden Ursachen und ihrer Wirkungsweise im letzteren Falle mit den Worten an: „die Motivation ist die Kausalität von innen gesehen". Hiergegen ist nun schon der Einwand zu erheben, dass er die Betrachtung der Motivation auf unser eigenes Handeln beschränkt, bei welchem wir allerdings einer unmittelbaren, mit dem Selbstbewusstsein verbunden auftretenden Erkenntnis der Motive fähig sind, statt dieselbe auf das unendlich grössere Gebiet der gesamten Menschheit in Gegenwart und Vergangenheit, ja, nach seiner eigenen Lehre, auch auf die ganze Tierwelt auszudehnen. Er hätte sich dann auch hier der Erkenntnis nicht entziehen können, der er in einem anderen Falle der Anwendung (W. II, Kapitel 18, S. 218 und 219[2])) unumwunden Aus-

---

1) Siehe Anm. 2, S. 12.

2) „Nun aber habe ich, als Gegengewicht dieser Wahrheit" (nämlich dass man auf dem Wege der objektiven Erkenntnis nie in das Innere der Dinge dringen kann) „jene andere hervorgehoben, dass wir nicht blos das erkennende Subjekt sind, sondern andererseits auch selbst zu den zu erkennenden Wesen gehören, selbst das Ding an sich sind; dass mithin zu jenem selbsteigenen und inneren Wesen der Dinge, bis zu welchem wir von aussen nicht dringen können, uns ein Weg von innen offen steht, gleichsam ein unterirdischer Gang, eine geheime Verbindung, die uns, wie

druck giebt, dass die in und mit dem Selbstbewusstsein gegebene Erkenntnis von dem Motiviertsein des Handelns, von der Kausalität des Willens — um ein dem daselbst angewendeten ähnliches Bild zu gebrauchen — mit einem kleinen Fenster zu vergleichen ist, durch das wir in einen ungeheueren, innen hell erleuchteten, aber nach aussen sonst überallhin abgeschlossenen Raum hineinzublicken vermögen. Denn dass er die Berechtigung zu dem Analogieschluss nicht bestreiten will, wonach die durch äussere Erfahrung feststehende Wesensgleichheit aller Menschen mit dem erkennenden Subjekt, oder vielmehr dessen Träger, dem unmittelbaren Objekt, die Behauptung einer auch inneren Wesensgleichheit rechtfertigt, geht aus der Entschiedenheit hervor, mit der er den entgegengesetzten Standpunkt ablehnt (W. 1, § 19, S. 124[1])). Wenn er daher unmittelbar hinter der oben (S. 15) citierten Stelle fortfährt (G., 7. Kapitel, § 43, S. 145): „diese" (d. i. die Motivation oder Kausalität von innen gesehen) „stellt sich demnach hier in ganz anderer Weise, in einem ganz anderen Medio, für eine ganz andere Art des Erkennens dar: daher nun ist sie als eine besondere und eigentümliche Gestalt unseres Satzes aufzuführen", so ist hiervon nur zuzugeben, dass die Kau-

durch Verrat, mit einem Male in die Festung versetzt, welche durch Angriff von aussen zu nehmen unmöglich war."

1) „Ob aber die dem Individuo nur als Vorstellungen bekannten Objekte, dennoch, gleich seinem eigenen Leibe, Erscheinungen eines Willens sind: dies ist . . . . . der eigentliche Sinn der Frage nach der Realität der Aussenwelt: dasselbe zu leugnen, ist der Sinn des theoretischen Egoismus, der eben dadurch alle Erscheinungen, ausser seinem eigenen Individuum, für Phantome hält." . . . . . . „Derselbe ist zwar durch Beweise nimmermehr zu widerlegen; dennoch ist er zuverlässig in der Philosophie nie anders, denn als skeptisches Sophisma, d. h. zum Schein gebraucht worden. Als ernstliche Überzeugung hingegen könnte er allein im Tollhause gefunden werden."

salität sich hier „in ganz andrer Weise, in einem ganz andern Medio", nicht aber, dass sie sich „für eine ganz andre Art des Erkennens" darstellt, indem diese anderweitige Art des Erkennens, unter der die unmittelbare Erkenntnis vermöge des Selbstbewusstseins gemeint ist, nur als Brücke zur Erkenntnis von dem unter dem Gesetze der Kausalität stehenden Handeln aller denkenden Wesen, ob mit Selbstbewusstsein begabt oder nicht, d. i. ob Mensch oder Tier, dient, dann aber bei den mit abstrakter Denkfähigkeit ausgestatteten Geschöpfen, also den Menschen, der objektiven, d. h. unter den Bedingungen von Raum, Zeit und Kausalität stehenden Betrachtungsweise Platz machen muss, so gut wie die übrigen Vorstellungen von Veränderungen unter derselben Herrschaft stehen. Damit ist die Hinfälligkeit des Nachsatzes erwiesen, nach welchem (a. a. O.) die Motivation „als eine besondere und eigentümliche Gestalt unseres Satzes aufzuführen" sei; vielmehr ist sie ihrem ganzen Wesen nach nichts anderes als Kausalität, d. i. Gesetzmässigkeit der Veränderungen nach dem Verhältnis von Ursache und Wirkung, angewendet auf ein dunkles, der Erkenntnis schwer zugängliches Gebiet. Die Identität des wollenden Subjekts mit dem erkennenden im einzelnen Falle, und das hieraus sich ergebende Selbstbewusstsein, das es dem einzelnen Individuum ermöglicht, sich von der Richtigkeit des unter dem Gesetz der Kausalität stehenden Wollens und Handelns bei sich selbst durch unmittelbare Erkenntnis zu überzeugen, bleibt dabei als ungelöstes metaphysisches Rätsel bestehen; die Erkenntnistheorie hat sich mit demselben nicht zu befassen, sie benutzt vielmehr jene an sich unerklärliche Thatsache als willkommenen Wegweiser auf einem schwierigen und dunklen Gebiete, das durch Verstandeserkenntnis allein vielleicht niemals zu erforschen wäre, jetzt aber, durch die Leuchte der unmittelbaren Erkenntnis vermöge des Selbstbewusstseins erhellt, auch dem forschenden Verstande die in ihm herrschenden Gesetze enthüllt. — Damit ist die Nichtigkeit der vierten Gestaltung des Satzes vom zureichenden Grunde dargethan.

III.

Wir wollen nun zunächst die beiden ersten Gestalten des genannten Satzes betrachten, um uns dann dem Kernpunkt unserer Untersuchung, dem Seinsgrunde in Zeit und Raum, zuzuwenden. — Schopenhauer beweist (G., 4. Kapitel, § 21; W. I, § 4) richtig und scharfsinnig, dass die objektive Welt der Gegenstände ausser uns sich nicht unmittelbar unseren Sinnen erschliesst, sondern nur durch Mitwirkung unseres Verstandes entsteht; dass unsere Sinne nur Organe sind, vermittelst deren die Gegenstände ausser uns in gewisser, nicht zu beschreibender, sondern uns zugleich mit dem Selbstbewusstsein unmittelbar gegebener Weise auf uns wirken, und dass diese Wirkung, Empfindung genannt, dann erst unter Zuhilfenahme der Formen sinnlicher Anschauung (Raum und Zeit) durch den Verstand in Anschauung umgesetzt wird, d. h. dass uns die Vorstellung der den Raum erfüllenden und in der Zeit beharrenden Aussenwelt in ihren unendlich mannigfaltigen Erscheinungsformen, abgesehen sogar von ihren dem Gesetze der Kausalität unterliegenden Veränderungen, nur durch die neben der Empfindung durch die Sinne stattfindende Verstandesthätigkeit ermöglicht wird. Ausdrücklich hebt hierbei Schopenhauer hervor, dass, wie das Beispiel der Tierwelt lehre, jene geistige Thätigkeit, durch welche die Anschauung entsteht, nicht notwendig mit Selbstbewusstsein verbunden zu sein brauche, — welches letztere hiernach nach Schopenhauer entweder ein Produkt oder eine Vorbedingung des Abstraktionsvermögens sein muss.

In der Klarlegung dieser Verhältnisse, welche der Kantischen transcendentalen Ästhetik, indem sie dieselbe in bemerkenswerter Weise erweitert, erst die rechte Grundlage giebt, liegt ein grosses, vielleicht das grösste Verdienst der Erkenntnistheorie nicht nur, sondern der gesamten Philosophie Schopenhauers. Nur wäre es vielleicht wie in diesem so in zahlreichen anderen Fällen angezeigt gewesen, nicht jeder hier und da auftretenden Geistesthätigkeit sogleich ein besonderes Seelenvermögen unterzuschieben, oder mit anderen Worten, nicht die Erkenntnistheorie mit der Psychologie zu vermengen. Auf diesem Wege gelangt Schopenhauer zu der Unterscheidung der menschlichen Geistesfunktionen in Verstand und Vernunft, zwischen denen (G., 5. Kapitel, § 28; W. I, § 14, S. 77[1])) die Urteilskraft eine Art Vermittelung übernimmt. Eine derartige immerhin willkürliche Bezeichnungsweise verführt leicht zu der Vorstellung, dass diesen mannigfaltigen Aeusserungen geistiger Thätigkeit ebenso viele verschiedenartige Organe des Geistes entsprächen, — eine Annahme, welche durch die einzige Quelle der Erkenntnis auf diesem Gebiete, die innere Erfahrung, in keiner Weise gestützt wird. Vielmehr lehrt dieselbe mit unbestreitbarer Evidenz die vollständige Einheitlichkeit der Persönlichkeit nach ihrer intellektuellen Seite hin. Die mannigfaltigen geistigen Thätigkeiten in ihrer verschiedenartigen Beschaffenheit zu sondern und wieder zu bestimmten Gruppen zu vereinigen, bildet allerdings eine wesentliche Aufgabe der Erkenntnistheorie, ohne dass jedoch die Annahme und Sonderung bestimmter geistigen Organe durch

---

1) „Unmittelbar aus der Anschauung die Wahrheit solcher" (ursprünglicher, nicht bewiesener oder abgeleiteter) „ersten Urteile zu begründen . . . . . das ist das Werk der Urteilskraft, welche in dem Vermögen, das anschaulich Erkannte richtig und genau ins abstrakte Bewusstsein zu übertragen, besteht, und demnach die Vermittlerin zwischen Verstand und Vernunft ist."

dieselbe gefordert wird. — Dieser scheinbar nur äusserliche, weil anscheinend lediglich die Bezeichnungen betreffende Einwand gewinnt dadurch an Bedeutung, dass, wie wir darzuthun versuchen werden, Schopenhauer sich durch die durch jene Bezeichnungen hindurchschimmernde Annahme getrennter Geisteskräfte zu Irrtümern hat verführen lassen.

Vorher wollen wir jedoch noch einen andern Punkt erledigen, in dem wir uns von Schopenhauer trennen müssen, und der sich noch auf das Gebiet der sinnlichen Anschauung selbst bezieht. G., 5. Kapitel, § 26, S. 99[1]); W. I, § 2, S. 6[2]): ferner W. I, § 4, S. 9[3]) und W. I, § 15, S. 90[4]) behauptet Schopenhauer, dass Raum und Zeit das principium individuationis seien, dass sie es uns also ermöglichen, von der Einheitlichkeit der Empfindung zur Vorstellung einer Vielzahl von Gegenständen der Anschauung überzugehen. W. II, Kapitel 4, S. 40 führt er dies näher aus mit den Worten: „Alles Zählen besteht im „wiederholten Setzen der Einheit: blos um stets zu wissen, „wie oft wir schon die Einheit gesetzt haben, markieren „wir sie jedesmal mit einem andern Wort: dies sind die „Zahlworte. Nun ist Wiederholung nur möglich durch Suc„cession: diese aber, also das Nacheinander, beruht un„mittelbar auf der Anschauung der Zeit, ist ein nur mittelst „dieser verständlicher Begriff: also ist auch das Zählen nur „mittelst der Zeit möglich." — Aber damit ist nur be-

---

1) „..... indem, wie meine Leser wissen, Zeit und Raum das principium individuationis sind."

2) „..... Zeit und Raum, durch welche die Vielheit ist."

3) „Wer die Gestaltung des Satzes vom Grunde, welche in der reinen Zeit als solcher erscheint und auf der alles Zählen und Rechnen beruht, erkannt hat......"

4) „Da die Anschauung der Zahlen in der Zeit allein ist........" „Zählen ist, weil die Zeit nur eine Dimension hat, die einzige arithmetische Operation ....."

wiesen, dass das Zählen nur in der Zeit, nicht dass es
allein schon durch die Anschauungsform der Zeit erfolgen kann. Das erstere hat es aber mit allen geistigen
Thätigkeiten gemeinsam, welche zu ihrer Ausübung sämtlich einer bestimmten, grösseren oder geringeren Dauer
bedürfen, und deshalb nennen wir eben die Zeit eine notwendige Form wie aller Anschauung so überhaupt jedes
geistigen Vermögens. Ein Trugschluss aber ist es, dass,
weil alles Zählen in der Zeit erfolgt, die Vorstellung der
letzteren uns schon allein zum Zahlbegriff führe. Im
Gegenteil: die Zeit erscheint uns als eine durchaus kontinuierliche Vorstellung, welche die Phantasie der Hellenen
im Bilde des menschlichen Lebens treffend mit einem gleichmässig gesponnenen Faden verglich. Was hat nun diese
Vorstellung mit der Annahme einer Anzahl diskreter, neben
oder nach einander existierender, gleichartiger Grössen zu
thun? — Aber auch der Raum führt uns weder allein,
noch in Verbindung mit der Zeit zum Zahlbegriff, denn
auch er hat den Charakter einer kontinuierlichen Vorstellung an sich, und es ist schlechthin nicht abzusehen, wie
beispielsweise der Anblick einer weidenden Schafherde,
also eine Anschauung, die aus der durch den Sehnerv
dem Gehirn vermittelten Empfindung durch die Thätigkeit des Erkenntnisvermögens, und zwar nach Schopenhauer vermittelst Anwendung des Kausalgesetzes, in die
Formen unseres Anschauungsvermögens (Raum und Zeit)
gewissermassen umgegossen worden ist, zugleich mit dieser
Anschauung schon die Vorstellung einer Vielzahl gleich-
förmiger, d. h. in ihren wesentlichen Merkmalen überein-
stimmender Wesen in sich enthalten soll. Und da endlich
auch das Kausalgesetz (zu dessen Anwendungen Schopenhauer, wie eben erwähnt, den Übergang von der Empfindung zur Anschauung rechnet, was wir später bekämpfen
werden), welches sich nur auf Veränderungen und ihren
Zusammenhang unter einander bezieht, das principium indi-

viduationis nicht in sich enthalten kann, so lernen wir die Fähigkeit unseres Intellekts, gleichartige Dinge zu zählen, auf der beispielsweise die Möglichkeit einer so wichtigen Wissenschaft wie die Arithmetik beruht, als eine neue, von den von Schopenhauer aufgestellten Grundformen aller Anschauung verschiedene Vorstellungsform kennen, die es allerdings, wie wir darzuthun versuchen werden, mit der blossen Anschauung nicht mehr zu thun hat, sondern mit der Fähigkeit zur Begriffsbildung aufs innigste zusammenhängt.

Den Übergang von der blossen Anschauung zu diesem Gebiete, dem der abstrakten Begriffe, gewinnt Schopenhauer auf sehr einfache und einleuchtende Weise. Er lehrt (G., 5. Kapitel, § 26; W. I, §§ 8 und 9), dass dem Menschen eigentümlich, neben der Fähigkeit zu anschaulicher Erkenntnis, die Gabe sei, die Eigenschaften eines Gegenstandes abgesondert von den Vorstellungsformen Raum und Zeit einzeln zu denken, und so, neben der anschaulichen Vorstellung von denselben in Raum und Zeit, einen je nach der Zahl und Wichtigkeit der berücksichtigten Eigenschaften mehr oder minder deutlichen und vollständigen Begriff von denselben, unabhängig von Raum und Zeit, zu bilden. Diese Thätigkeit des Geistes nennt er Abstraktion, die Fähigkeit dazu die Vernunft. (Über die Ratsamkeit der letzteren Bezeichnung vgl. das oben S. 19 und 20 Gesagte.) Hiernach ist ihm die Welt der Begriffe das Sekundäre, gewissermassen ein Abbild der anschaulich erkennbaren Aussenwelt ohne die der letzteren eigentümlichen Vorstellungsformen Raum und Zeit. Aber auch jene Eigenschaften können für sich allein begrifflich fixiert werden, auch die Beziehungen, die zwischen den verschiedenen Begriffen der ersten Art bestehen, und so entsteht jene grosse Klasse derjenigen Begriffe, denen keine Gegenstände der sichtbaren Körperwelt als Repräsentanten entsprechen, die sogenannten abstrakten Begriffe (W. I, § 9, S. 48¹) in Verbindung mit ibid., S. 49²)). Aber auch für sie verlangt Schopenhauer (ibid., S. 48³); W. II, Kapitel 6, S. 69⁴)) eine wenigstens indirekte Zurückführbarkeit auf anschauliche Vorstellungen; eine ihm eigentümliche Forderung, auf welche wir jedoch hier nicht näher einzugehen brauchen, da sie, wie am deutlichsten das (ibid., S. 69 und 70⁵)) von ihm gewählte Beispiel zeigt, lediglich zu dem Zwecke erhoben ist, gewisse metaphysische Spekulationen als ungegründet zurückzuweisen, mit unserem Gegenstande demnach nichts zu thun hat.

Mit dieser Fähigkeit, Begriffe zu bilden, hängt nun,

---

1) „..... so hat die abstrakte Vorstellung ihr ganzes Wesen einzig und allein in ihrer Beziehung auf eine andere Vorstellung, welche ihr Erkenntnisgrund ist. Diese kann nun zwar wieder zunächst ein Begriff, oder abstrakte Vorstellung sein, und sogar auch dieser wieder nur einen eben solchen abstrakten Erkenntnisgrund haben ......"

2) „Man hat diejenigen Begriffe, welche, wie eben angegeben, nicht unmittelbar, sondern nur durch Vermittelung eines oder gar mehrerer anderer Begriffe sich auf die anschauliche Erkenntnis beziehen, vorzugsweise abstracta .... genannt." „Beispiele der ersten Art, also abstracta im eminenten Sinn, sind Begriffe wie „Verhältnis, Tugend, Untersuchung, Anfang" u. s. w."

3) (Fortsetzung von Anm. 1, oben) „..... aber nicht so ins Unendliche: sondern zuletzt muss die Reihe der Erkenntnisgründe mit einem Begriff schliessen, der seinen Grund in der anschaulichen Erkenntnis hat."

4) „Zur Deutlichkeit eines Begriffes nämlich ist erfordert, nicht nur, dass man ihn in seine Merkmale zerlegen, sondern auch dass man diese, falls auch sie Abstrakta sind, abermals analysiren könne, und so immerfort, bis man zur anschauenden Erkenntnis herabgelangt."

5) „Man nehme z. B. den Begriff 'Geist' und analysire ihn in seine Merkmale, 'ein denkendes, wollendes, immaterielles, einfaches, keinen Raum füllendes, unzerstörbares Wesen'; so ist dabei doch nichts Deutliches gedacht; weil die Elemente dieser Begriffe sich nicht durch Anschauungen belegen lassen."

wie schon oben gesagt, die Möglichkeit zu zählen, d. h. mehrere Vorstellungen unter einen Begriff zu subsumieren, aufs innigste zusammen. Schopenhauer freilich, der, wie wir sahen und zu widerlegen suchten, das principium individuationis schon auf dem Boden der Anschauung gewonnen haben will, legt diesem Zusammenhang keine besondere Bedeutung bei, indem er in den Ausführungen über das Wesen der Begriffe (W. I, § 9, S. 49) sagt: „dass „ein Begriff vieles unter sich begreift, d. h. dass viele an„schauliche, aber auch selbst wieder abstrakte Vorstellungen „in der Beziehung des Erkenntnisgrundes zu ihm stehen, „d. h. durch ihn gedacht werden, dies ist nicht, wie man „meistens angiebt, eine wesentliche, sondern nur eine abge„leitete sekundäre Eigenschaft desselben, die sogar nicht „immer in der That, wiewohl immer der Möglichkeit nach, „da sein muss." Freilich ist es etwas anderes, wenn ich mir eine Anzahl von Merkmalen zu einem Begriff vereinigt denke, d. h. wenn ich diesem seinen Inhalt gebe, und wenn ich mir eine Anzahl von Gegenständen vorstelle, die ihm zu subsumieren sind, d. h. wenn ich demselben einen Umfang zuschreibe. Beides kann getrennt von einander geschehen; das letztere ohne das erstere geschieht in der Arithmetik, das erstere ohne das letztere, wie Schopenhauer (W. I, § 9, S. 50[1]) und W. II, Kapitel 9, S. 115[2]))

---

[1] „Es kann daher Begriffe geben, durch welche nur ein einziges reales Objekt gedacht wird, die aber deswegen doch abstrakt und allgemein, keineswegs aber einzelne und anschauliche Vorstellungen sind: dergleichen ist z. B. der Begriff, den jemand von einer bestimmten Stadt hat, die er aber blos aus der Geographie kennt."

[2] „Die logische Regel, dass die der Quantität nach einzelnen Urteile, also die, welche einen Einzelbegriff.... zum Subjekt haben, ebenso zu behandeln sind, wie die allgemeinen Urteile, beruht darauf, dass sie in der That allgemeine Urteile sind, die blos das Eigene haben, dass ihr Subjekt ein Begriff ist, der nur durch ein einziges reales Ob-

treffend hervorhebt, regelmässig bei den Begriffen von
Einzelwesen. Aber dennoch begreift, wie auch Schopenhauer in der oben (S. 24) citierten Stelle zugiebt, jede
dieser beiden selbständigen, dem Wesen nach von einander
unabhängigen Thätigkeiten des Geistes die andere wenigstens potentiell mit in sich (W. II, Kapitel 9, S. 115:
„'Immanuel Kant' bedeutet logisch: 'alle Immanuel Kant'"),
woraus doch hervorgeht, dass die Eigenschaft der Begriffe,
im Gegensatz zu den sinnlichen Anschauungen, die einen
individuellen Charakter haben, eine allgemeine Bedeutung, eine Sphäre oder einen Umfang besitzen zu
müssen, eine Anzahl von Gegenständen unter sich zu begreifen, als eine ihnen durchaus wesentliche zu bezeichnen
ist, wenn auch diese Anzahl im besonderen Falle sich auf
eins beschränken kann. — Hieraus ersehen wir, dass der
Zahlbegriff als zur Begriffsbildung schon auf ihrer ersten
Stufe absolut erforderlich sich herausstellt, weil er notwendig mit ihr verbunden auftritt; und da derselbe,
wie oben dargethan, aus der blossen Anschauung mit ihren
notwendigen Formen nicht gewonnen werden kann, so ist
erwiesen, dass er zu den Abstraktionen gehört, deren Gesamtheit man als die Fähigkeit zur Begriffsbildung bezeichnen kann, — oder, um mit Schopenhauer zu reden,
dass seine Erzeugung zu den Funktionen der Vernunft
gehört.

Während also, nach Schopenhauer, bei der Bildung
des Begriffes von den Vorstellungsformen aller sinnlichen
Anschauung, Raum und Zeit, sowie der an der Hand derselben gewonnenen Vorstellung einer Anzahl gleichartiger
Gegenstände, völlig abstrahiert wird, bleibt dagegen, so
lehrt er weiterhin, die dritte notwendige Form anschaulicher

---

jekt belegt werden kann, mithin nur ein einziges unter sich
begreift: so, wenn der Begriff durch einen Eigennamen bezeichnet wird."

Vorstellungen, das Gesetz der Kausalität, unter das er — wir werden später sehen mit welchem Rechte — den Übergang von der Sinnesempfindung zur Anschauung subsumiert, als „Satz vom Grunde des Erkennens" auch für die Welt der Begriffe bestehen (W. I, § 5, S. 16 [1]); W. I, § 7, S. 40 und 41 [2]; W. I, § 9, S. 48 [3])). Dieser Satz beherrsche, wie die Veränderungen der in Zeit und Raum anschaubaren Vorstellungen, also der sinnlich wahrnehmbaren Gegenstände, so auch die Beziehungen der blos gedachten Begriffe auf die ihnen entsprechenden Vorstellungen, nur dass er hier in einer anderen Form auftrete, die Schopenhauer im 5. Kapitel seiner Schrift über den Satz vom zureichenden Grunde genau beschreibt und von der ersten Form als „Satz vom Grunde des Werdens" scharf sondert.

Bei diesem Punkte tritt nun die Abweichung unserer Auffassung von der Schopenhauers in ihrer grössten Entschiedenheit hervor. Wir behaupten: Der Satz vom Grunde hat seine Wurzel ausschliesslich in der Welt der Begriffe, im abstrakten Denkvermögen, und macht, auf die Vorstellungen in Raum und Zeit angewendet, erst eine

---

1) „Meine Abhandlung über den Satz vom Grunde soll eben dieses leisten, dass sie den Inhalt jenes Satzes als die wesentliche Form alles Objekts, d. h. als die allgemeine Art und Weise alles Objektseins darstellt, als etwas, das dem Objekt als solchem zukommt."

2) „...... der Satz vom Grund, in seinen verschiedenen Gestalten, deren jede die ihr eigene Klasse von Vorstellungen so sehr beherrscht, dass ..... diese eben nichts anderes als jene Gestalt selbst ist: so ..... die Materie nichts anderes als Kausalität; der Begriff ..... nichts anderes als Beziehung auf den Erkenntnisgrund."

3) „Der Satz vom Grunde hat hier" (im Reich der Begriffe) „ebenfalls eine eigene Gestalt, und wie .... so besteht auch das ganze Wesen der Begriffe, oder der Klasse der abstrakten Vorstellungen, allein in der Relation, welche in ihnen der Satz vom Grunde ausdrückt."

verständige oder vernünftige Auffassung derselben in ihrem Zusammenhange unter einander möglich. Die Thätigkeit der sinnlichen Anschauung bleibt auf den Übergang von der blossen Sinnesempfindung zur Anschauung in Raum und Zeit beschränkt, den Schopenhauer der Anwendung des Kausalgesetzes zuschreibt (G., 4. Kapitel, § 21; W. I, § 4), dabei aber ausdrücklich den **intuitiven** Charakter dieser Anwendung hervorhebt (G., 4. Kapitel, § 21, S. 53[1]); ibid., S. 71[2]). Dieser Übergang allein würde uns daher nur eine rohe Vorstellung von den Dingen der Aussenwelt gewähren, ein Nebeneinander im Raum, ein Nacheinander in der Zeit, ein Beharren im Raum neben einem Wechsel in der Zeit, also eine Veränderung; eine Vorstellungsweise, wie sie vermutlich die höher organisierte Tierwelt besitzt. Eine **verständige** oder (nach Schopenhauers Bezeichnung) **vernünftige** Vorstellung wird nur durch unablässige Anwendung der unserem Geiste eigentümlichen Denkformen, des Zahlbegriffs und des Verhältnisses zwischen Grund und Folge, auf die Gegenstände der Anschauung ermöglicht, und bei dieser Anwendung pflegt man die Erscheinungen, deren begriffliches Äquivalent als Grund und Folge auftraten, Ursache und Wirkung zu nennen, — während Schopenhauer nur zugiebt, dass (G., 2. Kapitel, § 11, S. 20) „in einzelnen Fällen auch Erkenntnis einer Ursach, als „solcher, Grund eines Urteils sein kann, das die Wirkung „aussagt" und (G., 6. Kapitel, § 36, S. 131) dass „die

---

[1] „Diese .... Verstandesoperation ist jedoch keine diskursive, reflektive, in abstracto, mittelst Begriffen und Worten, vor sich gehende; sondern eine intuitive und ganz unmittelbare."

[2] „Und zwar vollzieht er" (der Verstand) „dieses Geschäft" (den Übergang von der Sinnesempfindung zur Anschauung) „allein durch seine eigene Form, welche das Kausalitätsgesetz ist, und daher ganz unmittelbar und intuitiv, ohne Beihilfe der Reflexion, d. i. der abstrakten Erkenntnis, mittelst Begriffe und Worte."

„Einsicht in das Gesetz der Kausalität und seine Anwen-
„dung auf einen bestimmten Fall Erkenntnisgrund der Wir-
„kung ist".

Während hiernach das begriffliche Denken dem Anschauen seinen Inhalt entlehnt, auf seine Formen — Raum
und Zeit — verzichtend, entnimmt das Anschauungsvermögen dem ersteren seine beiden Kategorien, das principium individuationis, vermöge dessen es von der Vorstellung einer
Welt in Raum und Zeit zu dem Begriffe einer Anzahl
wesensgleicher Dinge fortschreiten kann, und den Satz vom
Grunde, vermöge dessen sich das wilde Chaos eines post
hoc von Erscheinungen in ein übersichtliches, nach bestimmten Gesetzen erfolgendes propter hoc von Veränderungen
verwandelt. Also ist auch hier das Ergebnis dahin zu-
sammenzufassen, dass Schopenhauer recht hat, wenn er
(G., Überschrift der Kapitel 4 und 5) Anschauungen und
Begriffe als zwei verschiedene Klassen von Objekten für
das Subjekt bezeichnet, dass er dagegen unrecht hat, indem er hinzufügt, dass in jeder dieser beiden Klassen der
Satz vom Grunde eine besondere Gestaltung erfahre: vielmehr ist seine Anwendung auf Vorstellungen der erstgedachten Klasse jedesmal nur ein besonderer Fall der Anwendung auf die denselben entsprechenden Begriffe oder
Vorstellungen der zweiten Klasse. Der Begriff begiebt sich
hierbei so zu sagen von dem Gebiete der abstrakten Erkenntnis auf das der sinnlichen Anschauung, dem er ent-
stammt, zurück, indem er, um anschaulicher Gegenstand
zu werden, auf seine Allgemeingiltigkeit, seinen Umfang,
verzichtet und in die Anschauungsformen Raum und Zeit
eingeht. Der Satz vom Grunde aber verliert bei dieser
Anwendung auf den besonderen Fall zwar auch seine Allgemeingiltigkeit, ohne jedoch gleichzeitig den genannten Anschauungsformen sich zu unterwerfen; vielmehr bleibt er
auf dem Boden des blossen Gedankens, behält er seinen
diskursiven Charakter bei. Dieses letztere bestreitet Scho-

penhauer zwar (G., 4. Kapitel, § 21, S. 53[1]); ibid., S. 71[2], wie wir sahen, sieht sich aber doch (G., 6. Kapitel, § 35, S. 131) zu dem Zugeständnis genötigt: „Hingegen ist die „Verstandesform der Kausalität nicht für sich und abge„sondert ein Gegenstand des Vorstellungsvermögens, sondern „kommt erst mit und an dem Materiellen der Erkenntnis „ins Bewusstsein."

Die Richtigkeit unserer Auffassung wollen wir zunächst an einem Beispiel prüfen, das Schopenhauer selbst (G., 4. Kapitel, § 20) als Beispiel für die erste Form des Satzes aufstellt. — Ein Körper entzündet sich, wenn drei Bedingungen erfüllt sind: Verwandtschaft zum Sauerstoff, Berührung mit demselben und eine Temperatur von bestimmter Höhe. Diese Bedingungen bilden vereint die Ursache, die Entzündung die Wirkung. — Das heisst in die Welt der Begriffe übersetzt: Die genannten drei Bedingungen bilden für jeden Körper den zureichenden Grund, der die Entzündung zur notwendigen Folge hat. Was ist in diesem Falle also das konkrete und deshalb spezielle Verhältnis zwischen Ursache und Wirkung anderes als eine Anwendung des allgemeinen, weil logischen, blos gedachten Verhältnisses zwischen Grund und Folge? Das Anschauungsvermögen allein vermag nur die Thatsache der Aufeinanderfolge von Erscheinungen zu lehren; die Notwendigkeit derselben ergiebt sich nur durch das Hinzudenken des logischen Kausalverhältnisses und Anwendung desselben auf den besonderen Fall. — Die willkürliche Auswahl des Beispiels bürgt für die Allgemeingiltigkeit des aus demselben abgeleiteten Sachverhältnisses; man mache die Probe, man substituiere ein beliebiges anderes, der Welt der Anschauung entnommenes Beispiel eines Verhältnisses von Ursache und Wirkung und sehe zu, ob dasselbe sich als etwas anderes

---

1) Siehe Anm. 1, S. 27.
2) Siehe Anm. 2, S. 27.

darstellt, denn als eine Anwendung des logischen Verhältnisses zwischen Grund und Folge auf einen besonderen Fall, so sehr auch Schopenhauer (G., 2. Kapitel, § 11, S. 20 [1])) die Richtigkeit dieser Anschauung bestreiten mag.

Der Irrtum Schopenhauers, den Satz vom Grunde des Werdens als etwas von dem des Erkennens wesentlich Verschiedenes hinzustellen — wiewohl er andererseits in unerklärlichem Widerspruche hiermit die Identität des Satzes in seinen vier Formen behauptet (G., 3. Kapitel, § 16, Schluss; G., 4. Kapitel, § 23, S. 91 [2]); G., 5. Kapitel, § 33, S. 109 und 110 [3]); W. I, § 3, S. 8 [4])) — beruht wohl zum guten Teile auf seiner oben (S. 19 und 20) hervorgehobenen Neigung, für jede besondere Art der Geistesthätigkeit ein besonderes Geistesvermögen anzunehmen, aus welcher seine Unterscheidung zwischen Verstand und Vernunft entspringt. Denn dann liegt der weitere Schritt sehr nahe, jeder dieser Geisteskräfte eine besondere Art und Weise der Bethätigung zuzuschreiben. Geht man dagegen, wie wir, von der Auffassung aus, dass die verschiedenartige Beschaffenheit des O b j e k t s (d. i. der Vorstellung) nicht notwendig eine Verschiedenheit des subjektiven Korrelates desselben bedingt, dass es vielmehr d a s s e l b e geistige Vermögen ist, welches die Vorstellung anschaulicher Gegenstände und gedachter Begriffe erwirbt, so wird man sich auch von der Annahme befreien können, dass die Denk-

---

1) „Er" (Plattner) „meint also, dass Ursach und Wirkung dasjenige seien, was, in der Wirklichkeit, den Begriffen von Grund und Folge im Denken entspricht." ..... „Ich halte es für überflüssig, diese Meinung zu widerlegen, da jeder leicht einsehen wird, dass das Verhältniss von Grund und Folge in Urteilen etwas ganz andres ist, als eine Erkenntnis von Wirkung und Ursach."

2) Siehe Anm. 3, S. 12.
3) Siehe Anm. 4, S. 12.
4) Siehe Anm. 5, S. 12.

form, die zu diesen Vorstellungen und ihrer inhaltlichen Verknüpfung erforderlich ist, also der Satz vom Grunde, wegen des verschiedenen Charakters ihrer Objekte auch verschiedene Gestalten annehmen müsse. Dass Schopenhauers Auffassung falsch ist, zeigt sich auch darin, dass sie ihn zu Widersprüchen führt. Während er nämlich an einer Stelle (W. I, § 10, S. 60 [1])) für den Begriff des Wissens lediglich den Satz vom Grunde des Erkennens in Anspruch nimmt, lässt er 35 Seiten weiter (W. I, § 15, S. 95 [2])) den Inhalt der Wissenschaften, also genau dasselbe, durch den Satz vom Grunde in seinen vier Gestalten entstehen; eine Auffassung, welche in G., 8. Kapitel, §. 51 und W. II, Kapitel 12 weitere Ausführung findet. — Im zweiten Bande seines Hauptwerkes definiert er an zwei Stellen (W. II, Kapitel 4, S. 46 [3]) und ibid., S. 49 [4])) das Kausalgesetz derart äusserlich, wir möchten sagen provisorisch,

---

1) „Wissen überhaupt heisst: solche Urteile in der Gewalt seines Geistes zu willkürlicher Reproduktion haben, welche in irgend etwas ausser ihnen ihren zureichenden Erkenntnisgrund haben, d. h. wahr sind."

2) Was den Inhalt der Wissenschaften überhaupt betrifft, so ist dieser eigentlich immer das Verhältnis der Erscheinungen der Welt zu einander gemäss dem Satz vom Grunde und am Leitfaden des durch ihn allein geltenden und bedeutenden Warum. Die Nachweisung jenes Verhältnisses heisst Erklärung. Diese kann also nie weiter gehen als dass sie zwei Vorstellungen zu einander in dem Verhältnisse der in der Klasse, zu der sie gehören, herrschenden Gestaltung des Satzes vom Grunde zeigt."

3) „Jede Veränderung in der materiellen Welt kann nur eintreten, sofern eine andere ihr unmittelbar vorhergegangen ist: dies ist der wahre und ganze Inhalt des Gesetzes der Kausalität."

4) „Der allein richtige Ausdruck für das Gesetz der Kausalität ist dieser: jede Veränderung hat ihre Ursache in einer andern, ihr unmittelbar vorhergängigen."

dass die Zurückführbarkeit desselben auf ein allgemeineres, dem menschlichen Erkenntnisvermögen inne wohnendes Gesetz sich von selbst als Postulat aufdrängt; um so mehr, als Schopenhauer in der kurz darauf (ibid., S. 51¹)) folgenden, durchaus zutreffenden Unterscheidung zwischen den Begriffen „Ursache" und „Kraft" (die in G., 4. Kapitel, § 20, S. 45 und 46 ²) eine nähere Erläuterung dahin erfährt, dass der Begriff einer Naturkraft als qualitas

1) „Allein in folge der oben erörterten, zu weiten Fassung des Begriffes Ursache, im abstrakten Denken, hat man mit demselben auch den Begriff der Kraft verwechselt: diese, von der Ursache völlig verschieden, ist jedoch das, was jeder Ursache ihre Kausalität, d. h. die Möglichkeit zu wirken, erteilt."

2) Von der endlosen Kette der Ursachen und Wirkungen ..... bleiben ..... zwei Wesen unberührt: einerseits nämlich ..... die Materie, und andrerseits die ursprünglichen Naturkräfte; ...... diese, weil sie das sind, vermöge dessen die Veränderungen, oder Wirkungen, überhaupt möglich sind, das, was den Ursachen die Kausalität, d. i. die Fähigkeit zu wirken, allererst erteilt, von welchem sie also diese blos zu Lehn haben. Ursache und Wirkung sind die zu notwendiger Succession in der Zeit verknüpften Veränderungen: die Naturkräfte hingegen, vermöge welcher alle Ursachen wirken, sind von allem Wechsel ausgenommen, daher in diesem Sinne ausser aller Zeit, ebendeshalb aber stets und überall vorhanden, allgegenwärtig und unerschöpflich, immer bereit sich zu äussern, sobald nur, am Leitfaden der Kausalität, die Gelegenheit dazu eintritt. Die Ursache ist allemal, wie auch ihre Wirkung, ein einzelnes, eine einzelne Veränderung: die Naturkraft hingegen ist ein Allgemeines, Unveränderliches, zu aller Zeit und überall Vorhandenes." .... „Die Norm, welche eine Naturkraft hinsichtlich ihrer Erscheinung an der Kette der Ursachen und Wirkungen befolgt, also das Band, welches sie mit dieser verknüpft, ist das Naturgesetz." ... . „Jede echte, also wirklich ursprüngliche Naturkraft aber ..... ist wesentlich qualitas occulta, d. h. keiner physischen Erklärung weiter fähig, sondern nur noch einer metaphysischen, d. h. über die Erscheinung hinausgehenden."

occulta, also als Grenzbegriff, hingestellt wird) eine klare Erkenntnis verrät, dass der Begriff der „Ursache" als lediglich subjektiv, unserer Erkenntnisform eigentümlich, von dem der „Kraft", gewissermassen dem — zunächst gleichfalls nur postulierten — objektiven, den Dingen inne wohnenden Korrelate des ersteren — den Schopenhauer in seiner Metaphysik zum Begriff des „Willens" im weiteren, von ihm erfundenen Sinne des Wortes ausgestaltet — durchaus zu trennen sei; und dennoch behauptet er in demselben Buche weiterhin (W. II, Kapitel 17, S. 200[1])), dass der Begriff der Kausalität nur mittelst der Erfahrung ins Bewusstsein trete, wodurch er ihn von dem Satze vom Grunde des Erkennens scharf sondert und die Möglichkeit seiner Ableitung aus einem allgemeineren Denkgesetze abschneidet.

Die Schwierigkeit, die Frage auf rein logischem Wege zu entscheiden, beruht offenbar darauf, dass der Begriff der Kausalität zunächst als ein **einfacher** Begriff auftritt und als solcher einer erschöpfenden Definition nicht fähig ist. Dieser Umstand hatte es noch einem Hume möglich gemacht, ihn gänzlich zu leugnen, wogegen Kant in seiner zweiten Analogie der Erfahrung seine Notwendigkeit nachweist, um von der subjektiven Folge der Apprehension zur objektiven Folge der Begebenheiten fortschreiten zu können. Gegen diese Darlegung polemisiert Schopenhauer zwar (G., 4. Kapitel, § 23), indem er in irrtümlicher Auffassung (ibid., S. 90) jenem die Vorstellung andichtet, „dass „es kein andres Folgen gebe, als das Erfolgen," giebt jedoch weiterhin die Richtigkeit des Wesentlichen der Kantischen Beweisführung zu, indem er (ibid., S. 92) sagt: „Kants Beweis wäre also dahin einzuschränken, dass wir „empirisch blos **Wirklichkeit** der Succession erkennen:

---

1) „..... Der Begriff der Kausalität, welcher zwar nicht aus der Erfahrung entsprungen ist, aber doch nur mittelst derselben ..... ins Bewusstsein tritt."

„da wir aber ausserdem auch Notwendigkeit der
„Succession in gewissen Reihen der Begebenheiten erkennen
„und sogar vor aller Erfahrung wissen, dass jede mögliche
„Begebenheit in irgend einer dieser Reihen eine bestimmte
„Stelle haben müsse; so folgt schon hieraus die Realität
„und Apriorität des Gesetzes der Kausalität." Obwohl
hierdurch der Satz vom Grunde in seiner ersten Gestalt
als eine notwendige Vorstellungsform ausdrücklich anerkannt ist, weist Schopenhauer dennoch auch bei dieser
Gelegenheit auf seinen kurz vorher (G., 4. Kapitel, § 21)
gegebenen Beweis als den „allein richtigen" zurück, der
in umfangreicher Ausführung, auf die wir weiter unten
noch zurückkommen, darzuthun versucht, dass der Übergang von der Empfindung zur Anschauung auf Kausalität
zurückzuführen sei. Verführt durch diese Subsumtion, deren Nichtberechtigung nachzuweisen wir uns für später
vorbehalten, hat Schopenhauer den wichtigen Unterschied
zwischen den Grundvorstellungen des Raumes und der Zeit
einerseits und der Kausalität als eines besonderen Falles
des Satzes vom Grunde andererseits zwar, wie das S. 60
angeführte Citat erkennen lässt, zum mindesten heraus-
gefühlt, aber, wie die Stellen G., 4. Kapitel, § 21, S. 53[1])
und ibid., S. 71[2]) mit noch grösserer Deutlichkeit lehren,
nicht konsequent inne gehalten; den Unterschied nämlich,
dass Raum und Zeit Formen der (sinnlichen bezw. inneren) Anschauung und als solche intuitiv sind, der
Satz vom Grunde dagegen, auch als Gesetz der Kausalität,
so gut wie die Fähigkeit zur Begriffsbildung und zum
Zählen — welche letztere freilich Schopenhauer als pri-
märe Funktion unseres Geistes nicht anerkennt — eine
Denkform und als solche diskursiv ist und bleibt,
die Vorstellungen, auf welche er Anwendung findet, mögen

---

1) Siehe Anm. 1, S. 27.
2) Siehe Anm. 2, S. 27.

beschaffen sein, wie sie wollen, — und er ist dadurch auf den Abweg geraten, dem Satz vom Grunde je nach der verschiedenen Beschaffenheit dieser Vorstellungen einen verschiedenartigen Charakter beizulegen.

In Konsequenz unserer Anschauung bestreiten wir auch die Richtigkeit der Auffassung Schopenhauers, nach welcher der Satz vom Grunde in seiner ersten Form auch seitens der Tierwelt Anwendung finde. Das Tier kennt überall nur ein post hoc, nirgends ein propter hoc; der Hund, der den mit einem Stocke bewaffneten Menschen aus entsprechender Entfernung anbellt, vor dem sich, wenn auch nur scheinbar, nach einem Steine bückenden dagegen die Flucht ergreift, vollzieht durchaus keinen Schluss, sondern handelt nur auf Grund mehrfacher Erfahrung; Pferde, die anfänglich beim Anblick eines durch Dampf oder Elektrizität getriebenen Strassenbahnwagens unruhig wurden, bleiben späterhin ruhig, nachdem hinreichende Erfahrung sie an den Anblick gewöhnt hat, ohne irgend welche Einsicht in das Wesen der treibenden Kraft gewonnen zu haben. Der Mensch dagegen wundert sich, wenn er eine Erscheinung sieht, deren Ursache er nicht kennt, und hat das — freilich oft durch Trägheit gehemmte — Bestreben, dieselbe zu erforschen. Das Tier kennt nur ein Erschrecktwerden, eine blosse Affektion der Nerven, kein θαυμάζειν, welches in dem Wunsche der Befriedigung einer Forderung des Verstandes besteht. Dagegen ist das Streben des Menschen nach dieser letzteren Richtung so stark ausgeprägt, dass er geneigt ist, auch dort, wo sich ein kausaler Zusammenhang zwischen zwei Erscheinungen nicht auffinden lässt, einen solchen anzunehmen; so z. B. in dem Falle, dass ein Mensch an einem Hause vorübergeht und gleichzeitig ein Ziegelstein von dem Dache desselben herabfällt, der jenen tötet, in diesem anscheinend zufälligen Zusammentreffen zweier Erscheinungen einen Akt göttlicher Strafgerechtigkeit zu erblicken, mithin weit über die Grenzen möglicher Erfahrung hinaus die Giltigkeit des Satzes vom Grunde vorauszusetzen. Man kann übrigens behaupten, dass ein grosser Teil der Urteile derjenigen Wissenschaften, denen eben aus diesem Grunde die übrigen als „exakte" Wissenschaften gegenüber gestellt werden, auf einer derartigen „inexakten", d. h. in ihrer Berechtigung nicht unzweifelhaft festzustellenden Schlussmethode beruhen.

Es erübrigt noch die Darlegung, dass der mehrerwähnte Übergang von der Sinnesempfindung zur Anschauung nicht, wie Schopenhauer meint (W. I, § 4, S. 13 [1]); W. I, § 14, S. 81 [2]); W. I, Anhang, S. 520 [3]); W. II, Kapitel 1, S. 13 [4])), unter den Begriff des Überganges von der Wirkung zur Ursache zu subsumieren ist, also keine

---

1) „Die erste, einfachste, stets vorhandene Äusserung des Verstandes ist die Anschauung der wirklichen Welt: diese ist durchaus Erkenntnis der Ursache aus der Wirkung, daher ist alle Anschauung intellektual."

2) „...... so habe ich z. B. gezeigt, dass alle empirische Anschauung schon die Anwendung des Gesetzes der Kausalität enthält, dessen Erkenntnis daher Bedingung aller Erfahrung ist."

3) „Er" (der Eindruck, den ein ausser uns befindlicher Gegenstand auf uns hervorbringt) „ist aber nichts weiter, als eine blosse Empfindung im Sinnesorgan, und erst durch Anwendung des Verstandes (d. i. des Gesetzes der Kausalität) und der Anschauungsformen des Raumes und der Zeit wandelt unser Intellekt diese blosse Empfindung in eine Vorstellung um, welche nunmehr als Gegenstand in Raum und Zeit dasteht."

4) „Denn das einzige wirklich empirisch Gegebene, bei der Anschauung, ist der Eintritt einer Empfindung im Sinnesorgan: die Voraussetzung, dass diese, auch nur überhaupt, eine Ursache haben müsse, beruht auf einem in der Form unsers Erkennens, d. h. in den Funktionen unsers Gehirns, wurzelnden Gesetz, dessen Ursprung daher ebenso subjektiv ist, wie jene Sinnesempfindung selbst. Die in folge dieses Gesetzes zu der gegebenen Empfindung vorausgesetzte Ursache stellt sich alsbald in der Anschauung dar als Objekt, welches Zeit und Raum zur Form seines Erscheinens hat."

Anwendung des Satzes vom Grunde bildet. Schon der mehrfach erwähnte Widerspruch, dessen sich Schopenhauer schuldig macht, indem er (G., 4. Kapitel, § 21, S. 53[1]) und ibid., S. 71[2]) den Übergang von der Empfindung zur Anschauung ausdrücklich als einen rein intuitiven Vorgang bezeichnet, dagegen die Verstandesform der Kausalität, der er doch jenen Übergang unterordnen will, in dem S. 29 angeführten Citat als „nicht für sich und abgesondert" vorstellbar bezeichnet, deutet auf einen wesentlichen Unterschied beider geistigen Thätigkeiten hin. Aus der von Schopenhauer (G., 4. Kapitel, § 21) gegebenen ausführlichen Analyse der Vorgänge bei sinnlicher Wahrnehmung ist zu entnehmen, dass dieselben sich zu drei Stufen zusammenfassen lassen. Mit der Thatsache, dass meine Netzhaut von dem dieselbe berührenden, in Schwingungen von bestimmter Wellenlänge und Schwingungsweite begriffenen Äther getroffen wird, tritt die weitere Thatsache, dass ich eine bestimmte Lichtempfindung erhalte, stets verbunden auf; und diese letzte wiederum erzeugt im Verein mit der mir inne wohnenden Grundvorstellung eines Raumes von drei Dimensionen die Vorstellung eines angeschauten Gegenstandes ausser mir von ganz bestimmter Beschaffenheit; eine Vorstellung, der die gleichfalls in mir wohnende Grundvorstellung der Zeit eine bestimmte Dauer verleiht. — Wir haben es also mit einem Doppelten zu thun: einmal damit, dass mit bestimmten Nervenerregungen, wie die Erfahrung lehrt, regelmässig bestimmte Empfindungen verbunden zu sein pflegen, und zwar in einer Weise, welche zu erklären Physiologie und Psychologie weder einzeln noch vereint vermögen, die vielmehr jenem rätselhaften Gebiete angehört, welches die genannten beiden Wissenschaften trennt, ohne dass sich ein Weg über das-

---

1) Siehe Anm. 1, S. 27.
2) Siehe Anm. 2, S. 27.

selbe finden lässt. — Ebenso rätselhaft bleibt die andere Erscheinung, dass mit gewissen jener Empfindungen bestimmte Anschauungen, d. i. Vorstellungen bestimmter Gegenstände in Raum und Zeit, verbunden zu sein pflegen. Weder das eine noch das andere dieser Rätsel lässt sich durch Zurückführung auf Kausalverknüpfung lösen. Denn eine solche kann nach Schopenhauers mehrfacher Erklärung (W. I, § 4, S. 10[1]); W. I, Anhang, S. 545[2]); W. II, Kapitel 4, S. 46[3]); ibid., S. 49[4])) nur zwischen materiellen Dingen, ja eigentlich nur Zuständen, also Veränderungen, derselben bestehen (weshalb er seine erste Gestalt des Satzes vom Grunde auch wohl besser als Satz vom Grunde der Veränderung, nicht des Werdens, bezeichnet hätte); hier also nur darin, dass gewisse Veränderungen in der Welt der mittelbaren Objekte als Ursachen entsprechende Veränderungen des unmittelbaren Objektes (des Körpers) zur Wirkung haben; nicht aber können diese Wirkungen sich auf das erkennende Subjekt erstrecken, als welches, wie Schopenhauer (W. I, § 5, erstes Drittel) ausdrücklich hervorhebt, mit den Objekten in keinerlei Kausalverknüpfung steht.

Dass der gewöhnliche Sprachgebrauch dem entgegen die übergrosse Menge der in das Auge eindringenden Lichtstrahlen die Ursache des unangenehmen Gefühls des

---

1) „Das, worauf sie" (die Materie) „wirkt, ist allemal wieder Materie: ihr ganzes Sein und Wesen besteht also nur in der gesetzmässigen Veränderung, die ein Teil derselben im andern hervorbringt, ist folglich gänzlich relativ."

2) „Kausalität ist das Gesetz, nach welchem die eintretenden Zustände der Materie sich ihre Stelle in der Zeit bestimmen. Blos von Zuständen, ja eigentlich blos von Veränderungen ist bei der Kausalität die Rede."

3) Siehe Anm. 3, S. 31.

4) Siehe Anm. 4, S. 31.

Geblendetseins, die Übungen des Violinschülers die **Ursache** der Qualen des unfreiwilligen Hörers nennt, dass er also noch weiter gehend nicht nur die spezifischen Sinnesempfindungen, sondern auch deren Einwirkung auf das Behagen als Wirkungen jener Ursachen bezeichnet, erklärt sich durch die Sorglosigkeit, mit der die Sprache selbstverständliche Zwischenglieder zu überspringen liebt, ändert also nichts an dem Umstande, dass weder der Übergang von der mechanischen Veränderung zur Sinnesempfindung, noch der von dieser zum sinnlich angeschauten Gegenstande etwas gemein hat mit der Verknüpfung zweier Veränderungen unter dem logischen Gesichtspunkte von Ursache und Wirkung oder dem allgemeinen Ausdruck dieses Zusammenhanges als eines Verhältnisses von Grund und Folge. Vielmehr sind beide Übergänge **Rätsel**, der erste ein physiologisches, der zweite ein psychologisches, die demnach beide Wissenschaften, da sie dieselben nicht zu lösen vermögen, der Metaphysik überlassen müssen. — Bezeichnet man also die Fähigkeit des Geistes, gewisse mechanische Veränderungen als sinnliche Empfindungen aufzufassen und von diesen wiederum zu bestimmten Anschauungen überzugehen, als Vermögen der Anschauung, so hat man sich dabei bewusst zu bleiben, damit nur die Unbekannte durch x bezeichnet, und keineswegs, wie Schopenhauer meint, die Aufgabe dadurch aufgelöst zu haben, dass man das metaphysische Rätsel durch Zurückführung auf das Verhältnis zwischen Ursache und Wirkung gelöst habe. Die Intellektualität der Anschauung, die Beteiligung des Geistes am Zustandekommen derselben geben wir Schopenhauer bereitwillig zu, bestreiten aber, dass dieselbe in der Anwendung des Satzes vom Grunde besteht. Wenn Schopenhauer für diese letztere Auffassung noch ins Feld führt, dass die sinnliche Anschauung der Möglichkeit der Täuschung unterliegt, ebenso wie bei Anwendung des Satzes vom Grunde Schein bezw. Irrtum unterlaufen kann

(G., 4. Kapitel, § 21, S. 71[1]); W. I, § 6, S. 28 und 29[2]); W. I, § 15, S. 95[3]), so ist hierauf zu erwidern, dass eine derartige, recht äusserliche Übereinstimmung durchaus keine Wesensgleichheit bedingt, vielmehr in der Unvollkommenheit des Menschen auf allen Gebieten seiner Thätigkeit ihre einfache Erklärung findet.

Unter den charakteristischen Unterschieden zwischen dem Grunde des Werdens und dem des Erkennens hebt Schopenhauer (G., 4. Kapitel, § 20, S. 42[4]); G., 4. Ka-

---

[1] „Diese Unabhängigkeit der Verstandeserkenntnis von der Vernunft und ihrer Beihilfe erhellt auch daraus, dass, wenn einmal der Verstand zu gegebenen Wirkungen eine unrichtige Ursache setzt, und mithin diese geradezu anschaut, wodurch der falsche Schein entsteht; die Vernunft immerhin den wahren Thatbestand in abstracto richtig erkennen mag, ihm damit jedoch nicht zu Hilfe kommen kann; sondern, ihrer bessern Erkenntnis ungeachtet, der falsche Schein unverrückt stehen bleibt."

[2] „Schein tritt alsdann ein, wann eine und dieselbe Wirkung durch zwei gänzlich verschiedene Ursachen herbeigeführt werden kann, deren eine sehr häufig, die andere selten wirkt: der Verstand, der kein Datum hat zu unterscheiden, welche Ursache hier wirkt, da die Wirkung ganz dieselbe ist, setzt dann allemal die gewöhnliche Ursache voraus, und weil seine Thätigkeit nicht reflektiv und diskursiv ist, sondern direkt und unmittelbar, so steht solche falsche Ursache als angeschautes Objekt vor uns da, welches eben der falsche Schein ist."

[3] „Der Irrtum ist also dem Schein ganz analog. Beide sind Schlüsse von der Folge auf den Grund: der Schein stets nach dem Gesetze der Kausalität und vom blossen Verstande, also unmittelbar in der Anschauung selbst, vollzogen; der Irrtum, nach allen Formen des Satzes vom Grunde, von der Vernunft, also im eigentlichen Denken, vollzogen."

[4] „Zu seinem" (des Satzes vom Grunde in seiner ersten Gestalt) „wesentlichen Charakter gehört ferner, dass die Ursache allemal der Wirkung, der Zeit nach, vorhergehe, ... und nur daran wird ursprünglich erkannt, welcher von zwei durch den Kausalnexus verbundenen Zuständen Ursach und welcher Wirkung sei."

pitel, § 23, S. 91[1]); G., 8. Kapitel, § 47, S. 151[2]) in Verbindung mit ibid., S. 152[3]); W. I, Anhang, S. 545[4]; W. II, Kapitel 4, S. 45[5])) besonders hervor, dass bei der ersten (und vierten) Gestaltung das Bedingte, hier Wirkung genannt, dem Bedingenden, also der Ursache, immer zeitlich folgen müsse, was bei der zweiten Gestaltung, dem Satze vom Grunde des Erkennens, nicht der Fall sei, indem zwischen Erkenntnisgrund und Folgerung ein Zeitverhältnis überhaupt nicht bestehe. Das ist ganz richtig, aber mit unserer Auffassung durchaus vereinbar, nach welcher sich die erste Gestaltung zur zweiten verhält wie die species zum genus, d. h. die Kausalität eine Anwendung des Verhältnisses von Grund und Folge, als der allgemein logischen und deshalb von Zeit und Raum unabhängigen Denkform, im ersten Fall auf das der äusseren Anschauung angehörende und darum ihren Formen (Zeit und Raum)

---

1) „Dass in der Klasse von Vorstellungen, die wir jetzt betrachten, wo jener Satz als Gesetz der Kausalität auftritt, derselbe die Zeitfolge bestimmt, kommt daher, dass die Zeit die Form dieser Vorstellungen ist." .... „In andern Gestalten des Satzes vom zureichenden Grunde wird uns die notwendige Verbindung, die er überall heischt, in ganz andern Formen, als die Zeit, und folglich nicht als Succession erscheinen."

2) „Nach den Gesetzen der Kausalität und der Motivation muss der Grund der Folge, der Zeit nach, vorhergehn."

3) „Hingegen der Satz vom zureichenden Grunde des Erkennens bringt kein Zeitverhältnis mit sich, sondern allein ein Verhältnis für die Vernunft: also sind vor und nach hier ohne Bedeutung."

4) „Hieraus ist klar, dass das Ursach- und Wirkungsein in genauer Verbindung und notwendiger Beziehung auf die Zeitfolge steht."

5) „Von dieser Lehre Kants ist sogar das Umgekehrte wahr: nämlich, welcher von zwei verknüpften Zuständen Ursach und welcher Wirkung sei, erkennen wir, empirisch, allein an ihrer Succession."

unterworfene Gebiet, im vierten Fall (Motivation) auf das
Gebiet der inneren Anschauung und ihre einzige Form (die
Zeit) bildet. Die species, der engere Begriff, unterliegt in
ihrer Anwendung naturgemäss grösseren Beschränkungen
als der weitere oder das genus, hier also der, der Grund-
form aller Anschauung, als auf welche er ausschliesslich
Anwendung findet, nämlich der Zeit, unterworfen zu sein.
— Z. B.: Ich bemerke, dass das Quecksilber in meinem
Thermometer gestiegen ist, und schliesse daraus, dass die
Temperatur sich erhöht hat. Ebenso gut kann mich mein
Temperatursinn lehren, dass es wärmer geworden sei, und
ich hierauf den Schluss gründen, dass das Quecksilber gestiegen sein müsse. Beides ist nur der Ausdruck der in
meinem begrifflichen Denkvermögen liegenden Überzeugung
von der kausalen Verknüpfung beider Erscheinungen, also
unabhängig von der Zeit. Wende ich nun aber diese logische Kategorie auf die Gegenstände der Anschauung an,
so darf ich nicht sagen: Weil das Quecksilber gestiegen
ist, deshalb ist es wärmer geworden, sondern ich muss
sagen: Weil es wärmer geworden ist, deshalb ist das Quecksilber gestiegen. Das äussere, empirische Anzeichen für
die Richtigkeit der letzteren und die Unrichtigkeit der
ersteren Form der Kausalverknüpfung ist die zeitliche Aufeinanderfolge beider sinnlich wahrnehmbaren Erscheinungen. Wenn also Schopenhauer im Zusammenhange hiermit
(G., 8. Kapitel, § 48, S. 153[1])) als auf einen weiteren
charakteristischen Unterschied zwischen Grund des Werdens und des Erkennens, der ihm die Wesensverschieden-
heit beider darthun helfen soll, darauf hinweist, dass bei
letzterem — in hypothetischen Urteilen — Grund und
Folge vertauscht werden können, bei ersterem Ursache und

---

[1] Dass das Gesetz der Kausalität keine Reziprokation
zulasse, indem die Wirkung nie die Ursach ihrer Ursache sein
könne, ... ist schon oben, § 20, zur Sprache gekommen."

Wirkung nicht, so ist zwar letztere Thatsache als richtig zuzugeben, beweist aber ebenso wenig wie der Unterschied hinsichtlich des Zeitverhältnisses die **Koordination** beider Gestalten, sondern deutet vielmehr auf die **Subordinierung** der ersteren Gestaltung unter die letztere, allgemeinere, hin.

Schopenhauer bemüht sich (G., 4. Kapitel, §§ 17 und 18; W. I, § 4; W. II, Kapitel 4 nebst der Tafel der praedicabilia a priori der Zeit, des Raumes und der Materie; G., 5. Kapitel; G., 6. Kapitel, §§ 35 und 36; G., 7. Kapitel, §§ 40 bis 43; G., 8. Kapitel, § 52, S. 158[1]) und ibid., S. 159 und 160[2])), den Satz vom Grunde in seinen verschiedenen Gestaltungen als das **einzige** hinzustellen, was der denkende Geist zu dem Substrat der Anschauung

---

[1] „...... dass der Satz vom zureichenden Grund ein gemeinschaftlicher Ausdruck sei für vier ganz verschiedene Verhältnisse, deren jedes auf einem besonderen und a priori gegebenen Gesetze beruht, von welchen vier .... Gesetzen .... angenommen werden muss, dass, so wie sie in einem gemeinschaftlichen Ausdruck zusammentreffen, sie auch aus einer und derselben Urbeschaffenheit unsers ganzen Erkenntnisvermögens, als ihrer gemeinschaftlichen Wurzel, entspringen, welche demnach anzusehen wäre als der innerste Keim aller Dependenz, Relativität, Instabilität und Endlichkeit der Objekte unseres in Sinnlichkeit, Verstand und Vernunft, Subjekt und Objekt befangenen Bewusstseins."

[2] „Obgleich die vier Gesetze unseres Erkenntnisvermögens, deren gemeinschaftlicher Ausdruck der Satz vom zureichenden Grunde ist, durch ihren gemeinsamen Charakter, und dadurch, dass alle Objekte des Subjekts unter sie verteilt sind, sich ankündigen als durch eine und dieselbe Urbeschaffenheit und innere Eigentümlichkeit des als Sinnlichkeit, Verstand und Vernunft erscheinenden Erkenntnisvermögens gesetzt, so dass sogar, wenn man sich einbildete, es könnte eine neue, fünfte Klasse von Objekten entstehn, dann ebenfalls vorauszusetzen wäre, dass in ihr auch der Satz vom zureichenden Grund in einer neuen Gestalt auftreten würde ...."

(der Sinnesempfindung) und den Formen derselben (Zeit und Raum) hinzufügt, um zur Welt als Vorstellung zu gelangen. In seinem Hauptwerk „die Welt als Wille und Vorstellung" sucht er dann weiterhin (W. I, § 1, S. 3 [1]); W. I, § 4, Anfang; W. I, § 7, S. 30 [2]); ibid., S. 38 [3]); ibid., S. 40 [4])), wie wir bereits in der Einleitung erwähnten, auch die genannten Anschauungsformen auf die Gestaltung des Satzes vom Grunde in ihnen zurückzuführen, so dass dann der Satz vom Grunde als einzige Grundform des Geistes dem Inhalt der Sinnesempfindungen entgegenzubringen wäre, um im Verein mit demselben, gemäss den verschiedenen Gebieten seiner Anwendung, d. h. seinen verschiedenen Gestalten, das unermessliche Reich der Welt als Vorstellung zu erzeugen. Damit glaubt er zu der Einheit der Grundvorstellungen, zu jenem Monismus des Systems gelangt zu sein, den er in einer gelegentlichen Bemerkung seiner „Parerga und Paralipomena" im Gegensatz zum Dualismus als eine charakteristische Eigenschaft jeder echten, den Dingen bis auf den Grund nachspürenden Philosophie bezeichnet. — Aus unseren bisherigen Darlegungen geht bereits hervor, dass wir ihm in diesem Gedankengange nicht folgen können. Zunächst thaten wir dar, dass das von Schopenhauer so genannte principium individuationis, d. h. das Vermögen, eine Anzahl gleichartiger Dinge als solche aufzufassen, noch kürzer ausgedrückt die Fähigkeit zu zählen, nicht in und mit den Grundformen der Anschauung, Zeit und Raum, zugleich gegeben sei, indem wir die Grundlosigkeit des durchsichtigen Sophismas aufdeckten, durch welches die Zeit zum principium individuationis gestempelt werden sollte; dass es also not-

---

1) Siehe Anm. 1, S. 9.
2) Siehe Anm. 2, S. 9.
3) Siehe Anm. 3, S. 9.
4) Siehe Anm. 4, S. 9.

wendig eine **Denkform** sein müsse, die sich aber keineswegs auf die der Kausalität zurückführen lässt, da zwischen der Annahme eines Kausalverhältnisses zwischen zwei Erscheinungen und der Auffassung einer (angeschauten oder gedachten) Vorstellung als einer **Anzahl** gleichartiger Gegenstände eine Verwandtschaft schlechterdings nicht zu erkennen ist; dass demnach dieses principium individuationis neben und mit dem Begriff der Kausalverknüpfung eine wesentliche Grundform des menschlichen Begriffsvermögens bildet, so gut wie Raum und Zeit Grundformen des Anschauungsvermögens sind. — Ferner versuchten wir nachzuweisen, dass die Mitwirkung unserer Geistesthätigkeit zur Hervorbringung einer Anschauung nicht, wie Schopenhauer meint, in einer Anwendung des Satzes vom Grunde (in seiner ersten Gestalt) besteht, vielmehr in einer rätselhaften Übertragung einer äusseren Einwirkung auf unsere Sinnesorgane durch das Medium der Empfindung auf die Grundformen der Anschauung (Raum und Zeit) besteht, von der nur das eine klar ist, dass sie eine durchaus andere geistige Thätigkeit ist, als die logische Verknüpfung zusammenhängender Erscheinungen nach dem Gesetze der Kausalität. — Wir ersehen also aus diesen Beispielen, dass Schopenhauer die Neigung besitzt, die Bedeutung oder die Herrschaft des Satzes vom Grunde über Gebühr auszudehnen, und werden daher seinen weiteren Versuchen dieser Art, die schliesslich, wie bereits angegeben, zur Auflösung aller Grundvorstellungen anschaulicher sowohl als auch begrifflicher Art in die eines Zusammenhanges nach dem Satze vom Grunde führen, von vorn herein kritisch gegenüberstehen.

IV.

Wir wenden uns nun zu dem eigentlichen Gegenstande unserer Untersuchung, dem Angriffe, den Schopenhauer vom erkenntnistheoretischen Standpunkte aus gegen die Euklidsche Beweismethode gerichtet hat. Verständlicher würde es jedenfalls erscheinen, wenn die analytische Methode der Geometrie und Mechanik, die Anwendung eines Rechnungsverfahrens auf Probleme, dem Gebiete der räumlichen Anschauung entnommen, zum Gegenstande eines Angriffs gemacht würde. Denn der Übergang von einer Gleichung zwischen 2 Veränderlichen zu einer auf ein bestimmtes Koordinatensystem bezogenen ebenen Curve, zwischen 3 Veränderlichen zu einer sich bewegenden solchen Curve oder einer ruhenden Fläche, zwischen 4 Veränderlichen zu einer beweglichen Fläche; von 2 Gleichungen zwischen 3 Veränderlichen zu einer starren Curve doppelter Krümmung oder einem in einer Ebene beweglichen Punkte, zwischen 4 Veränderlichen zu einer beweglichen Curve doppelter Krümmung; von 3 Gleichungen zwischen 3 Veränderlichen zu einem ruhenden Punkte, zwischen 4 Veränderlichen zu einem im Raume sich bewegenden Punkte, nebst der Übertragung aller durch die Rechnung sich ergebenden Resultate auf entsprechende räumliche Verhältnisse, von der unendlichen Erweiterung der auf diesem Wege gewonnenen Ergebnisse mit Hilfe der Infinitesimalrechnung ganz zu schweigen: dieser Übergang hat unleugbar anscheinend den Charakter einer gewissen Willkür an sich; und wenn auch jeder Mathematiker die unerschütterliche Überzeugung von der Richtigkeit der auf diesem Wege gewonnenen Resultate in sich trägt, so dürfte es ihm doch schwer werden, einem etwaigen Zweifler die gleiche Überzeugung durch apodiktische Beweisführung aufzuzwingen. Der Grund dieser Unmöglichkeit liegt unseres Erachtens in der Ungleichartigkeit der Gebiete, auf denen sich die Folgerungen und die Resultate bewegen; erstere gehören nicht nur selbst dem Gebiete des begrifflichen, diskursiven Denkens an, leiden also an demselben Fehler (wenn dies ein Fehler ist), den Schopenhauer den Euklidschen Demonstrationen zum Vorwurf macht, sondern auch ihre Ergebnisse tragen (abweichend von denen der Euklidschen Methode) zunächst den gleichen Charakter, und müssen erst auf das Gebiet der Anschauung, entweder der ausschliesslich räumlichen (Geometrie) oder der Anschauung in Raum und Zeit, in welcher die Möglichkeit einer Veränderung hinzutritt (Mechanik) übertragen werden. Diese Übertragung bildet nun freilich kein empirisches Moment, beruht vielmehr auf synthetischer Erkenntnis a priori, die daher mit der Überzeugung von der Notwendigkeit ihres Inhalts verbunden ist, und in der Einsicht in die kontinuierliche Beschaffenheit von Raum und Zeit besteht, von denen der erstere nach drei Richtungen hin gleichmässig ausgedehnt ist, die letztere sich nur nach einer Richtung hin erstreckt. Sobald der Rechnung weitergehende Annahmen untergelegt werden, deren Berechtigung nicht auf aprioristischer Erkenntnis beruht, sondern durch Induktion gewonnen ist, und welche auch nicht durchweg mit den empirisch gegebenen Verhältnissen **genau** übereinstimmen, vielmehr in der Regel nur eine Grenze bilden, der sich die letzteren in grösserem oder geringerem Grade nähern — wie es z. B. bei dem analytischen Ausdruck für die Eigenschaft der Elastizität der Fall ist —, so behalten die Resultate nur noch einen bedingten Wert; d. h. die Rechnungsergebnisse sind genau so richtig wie die auf Geometrie und reine Mechanik angewendeten, stimmen aber mit den wirklichen Erscheinungen nur insoweit überein, als jene Annahmen sich in Einklang mit den in der Körperwelt wirklich bestehenden Verhältnissen befinden. — Von diesem Sachverhältnis gewinnt jeder Fachkundige eine feste Überzeugung, sobald er sich desselben bewusst zu werden sucht; aber diese Überzeugung kann sich nicht auf logische Deduktion stützen, da ihr Gegenstand das Gebiet derselben, das Reich der blos gedachten Begriffe, verlässt und auf das Gebiet der Anschauung hinübergreift. Eben deshalb wäre hier eine Skepsis vom Standpunkt des Erkenntnistheoretikers aus verständlich, wenn sie auch vom Mathematiker zurückgewiesen werden müsste.

Aber diese Schwierigkeit scheint Schopenhauer nicht zu empfinden, so nahe sie gerade für ihn, der den blos gedachten Begriff von der in Raum und Zeit angeschauten Vorstellung überall sorgfältig scheidet, gelegen haben könnte. Im Gegenteil giebt er ((G., 8. Kapitel, § 46, S. 151 [1]); W. I, § 12, S. 64 [2]); W. I, § 15, S. 87 [3])) der analytischen Methode vor der synthetischen, deren Ergebnisse den Boden der Anschauung nicht verlassen, ausdrücklich den Vorzug. Sein Tadel richtet sich ausschliesslich gegen die letztere, und zwar gegen die einfachste und durchsichtigste, weil ursprünglichste Anwendung derselben, eben das Euklidsche Beweisverfahren. Und worauf gründet sich diese Anklage? Auf das Vorurteil, dass neben dem Erkenntnisgrund, der uns den Zusammenhang und die Beziehungen zwischen räumlichen Grössen kennen lehrt, noch ein von ihm so genannter Seinsgrund bestehe, der diesem Zusammenhange und diesen Beziehungen zu Grunde liege. Der Zweck dieser Annahme geht aus einer Reihe von Stellen (W. I, § 1, S. 3 [4]); W. I, § 3, S. 8 [5]); W. I, § 7,

1) „Hierin" (in Genauigkeit, Apodiktizität und Deutlichkeit) „stehn alle andern Wissenschaften ihr" (der Arithmetik) „nach; sogar die Geometrie: weil aus den drei Dimensionen des Raums so viele Beziehungen hervorgehn, dass die Übersicht derselben sowohl der reinen, wie der empirischen Anschauung zu schwer fällt; daher die komplizierteren Aufgaben der Geometrie nur durch Rechnung gelöst werden, die Geometrie also eilt, sich in Arithmetik aufzulösen."

2) „....... deswegen ist nur die Arithmetik, nicht die Geometrie, allgemeine Grössenlehre, und die Geometrie muss in Arithmetik übersetzt werden, wenn sie Mitteilbarkeit, genaue Bestimmtheit und Anwendbarkeit auf das Praktische haben soll."

3) „Es ist überhaupt die analytische Methode, welche ich für den Vortrag der Mathematik wünsche, statt der synthetischen, welche Eukleides gebraucht hat."

4) „....... und wenn jede dieser Formen" (Zeit, Raum und Kausalität), „welche alle wir als so viele besondere Gestaltungen des Satzes vom Grunde erkannt haben........."

5) „So wichtig nun auch diese von Kant entdeckte Be-

S. 40 und 41¹)) mit vollster Deutlichkeit hervor: sie soll die Brücke bilden zu der Zurückführung der Grundformen aller Anschauung, Raum und Zeit, auf den Satz vom Grunde als die gemeinsame Grundlage aller Erkenntnisse, sowohl der bloss gedachten als der anschaulichen, und von letzteren wiederum sowohl der die blosse Form der Anschauung als der ihren Inhalt betreffenden, und damit, wie schon angedeutet, den monistischen Charakter der Schopenhauerschen Erkenntnistheorie, der Welt als Vorstellung, vollenden helfen. Aber auch die Wurzel dieses Irrtums ist unschwer zu erkennen. Schopenhauer hat die Unterscheidung der Erscheinung vom Ding an sich von Kant übernommen, er hat die scharfe Sonderung der anschaulichen Vorstellung vom gedachten Begriff selbständig hinzugefügt. Da er nun die — oben als Irrtum erwiesene

---

schaffenheit jener allgemeinen Formen der Anschauung" (Zeit und Raum) „ist, dass sie nämlich für sich und unabhängig von der Erfahrung anschaulich und ihrer ganzen Gesetzmässigkeit nach erkennbar sind, worauf die Mathematik mit ihrer Unfehlbarkeit beruht; so ist es doch eine nicht minder beachtungswerthe Eigenschaft derselben, dass der Satz vom Grunde, der die Erfahrung als Gesetz der Kausalität und Motivation, und das Denken als Gesetz der Begründung der Urteile bestimmt, hier in einer ganz eigentümlichen Gestalt auftritt, der ich den Namen Grund des Seins gegeben habe, und welche in der Zeit die Folge ihrer Momente, und im Raum die Lage seiner sich ins Unendliche wechselseitig bestimmenden Teile ist."

1) „...... der Satz vom Grund, in seinen verschiedenen Gestalten, deren jede die ihr eigene Klasse von Vorstellungen so sehr beherrscht, dass, wie gezeigt, mit der Erkenntnis jener Gestalt auch das Wesen der ganzen Klasse erkannt ist, indem diese (als Vorstellung) eben nichts anderes als jene Gestalt selbst ist: so die Zeit selbst nichts anderes als der Grund des Seins in ihr, d. h. Succession; der Raum nichts anderes als der Satz vom Grund in ihm, also Lage; die Materie nichts anderes als Kausalität; der Begriff...... nichts anderes als Beziehung auf den Erkenntnisgrund."

— Ansicht von der verschiedenen Gestaltung des Satzes vom Grunde gewonnen hatte, je nachdem er auf das eine oder das andere dieser beiden Gebiete Anwendung findet, indem er unberücksichtigt liess, dass er auch bei seiner Anwendung auf anschauliche Vorstellungen stets seinen logischen, diskursiven, den bloss gedachten Begriffen adäquaten Charakter behält, lag es für ihn nahe, dem Satz vom Grunde wie bei seiner Anwendung auf Gegenstände der empirischen, so auch auf Formen der reinen Anschauung eine besondere Gestaltung beizulegen, ohne auch hier zu der Erkenntnis durchzudringen, dass der Satz vom Grunde hier ebenso wie dort und wie überhaupt in allen möglichen Fällen seiner Anwendung seinen diskursiven Charakter behält, blosser Erkenntnisgrund bleibt, nur in unserem Denkvermögen existiert und daher nie selbst in Raum und Zeit, als die Grundformen der Anschauung, eingehen kann, weshalb es ganz unmöglich ist, diese letzteren auf den Satz vom Grunde in irgend einer Gestalt zurückzuführen.

Um das Wesen eines Beweises im Euklidschen Sinne genauer kennen zu lernen, ist es zweckmässig, den Begriff zunächst im allgemeinsten Sinne zu betrachten. In demselben bedeutet er die von zugestandenen Prämissen ausgehende Darlegung einer Thatsache oder eines Sachverhältnisses als notwendig bestehend aus zureichenden Gründen. Nach der Beschaffenheit dieser Thatsache oder dieses Sachverhältnisses unterscheiden wir Beweise für Einzelfälle, wie solche namentlich in der juristischen Praxis auftreten, und für allgemeine Wahrheiten, welche letzteren den Inhalt der Wissenschaften ausmachen. Doch ist zu bemerken, dass hier ebenso wenig wie bei irgend einer anderen Anwendung des Satzes vom Grunde der Gegenstand dieser Anwendung auf den Charakter, die Beschaffenheit derselben von irgend welchem Einfluss ist. So kann beispielsweise bei beiden genannten Arten der Anwendung sowohl direkte

als auch apagogische Beweisführung stattfinden. Wir können uns demnach, ohne die Allgemeingiltigkeit des Wesens der Beweisführung preiszugeben, auf Beweise der letztgedachten Art, deren Gegenstände allgemeine Wahrheiten sind, beschränken. Unter diesen haben wiederum die Beweise der reinen Mathematik, d. h. nach Schopenhauers laienhafter Bezeichnung der Arithmetik, einen so allgemein anerkannten vorbildlichen Charakter (den selbst Schopenhauer, der aus seiner Abneigung gegen die Mathematik nirgends ein Hehl macht, G., 8. Kapitel, § 46, S. 151 [1]) anzuerkennen nicht umhin kann), dass ihre Betrachtung allein das Wesen aller Beweisführung kennen zu lernen gestattet. Sehen wir demnach von dem Gebiete der auf räumliche Grössen angewendeten Mathematik zunächst ab und betrachten das allgemeinere und ausgedehntere der Funktionentheorie, Algebra, Zahlentheorie, was bedeutet hier — wenn man von den Beweisen derjenigen Sätze absieht, die im Grunde nur in einer Abkürzung des Rechnungsverfahrens gipfeln, und welche äusserlich daran kenntlich sind, dass sich ihr Ergebnis in einer analytischen Gleichung ausdrücken lässt — der Beweis eines Lehrsatzes anderes, als den Gewinn der unerschütterlichen Überzeugung von der Allgemeingiltigkeit eines Sachverhältnisses, dessen Vorhandensein man durch Prüfung einer beliebigen Anzahl von Einzelfällen bestätigt finden kann, ohne auf diesem induktiven Wege allein zu der fest begründeten Überzeugung von dieser Allgemeingiltigkeit gelangen zu können?
— Als Beispiele mögen aus dem Gebiete der Algebra der Eisensteinsche, aus dem der Zahlentheorie der Fermatsche Satz Erwähnung finden. Dass eine Gleichung, in welcher, nachdem sie durch den Koeffizienten der höchsten Potenz der Unbekannten dividiert wurde, das von der Unbekannten freie Glied eine Primzahl und zugleich ein Fak-

---

1) Siehe Anm. 1, S. 48.

tor der Koeffizienten sämtlicher übrigen Glieder ist, notwendig irreduktibel sein muss, lässt sich nur in bestimmten Fällen durch Prüfung an der Hand der Erfahrung feststellen, und auch in diesen Fällen wird diese Feststellung nur die Thatsache, nicht die Notwendigkeit jenes Zusammenhanges ergeben können. Beim Fermatschen Satz [a^{p-1} 1 (mod. p), wenn p eine Primzahl und kein Faktor von a ist] ist eine „experimentelle" Prüfung in jedem Falle möglich; aber auch hier kann eine solche nicht als zwingende Darlegung der Notwendigkeit gelten. In beiden Fällen wird dieselbe vielmehr erst durch den Beweis geliefert, tritt daher (G., 5. Kapitel, § 30) ausschliesslich als logische Wahrheit auf. — Das erstere, induktive, Verfahren kann wohl zunächst zu der subjektiven Überzeugung von der Richtigkeit des betreffenden Satzes führen und das Streben nach deduktiver Begründung desselben erzeugen, und die Geschichte der mathematischen Wissenschaften lehrt, dass dies der gewöhnliche Weg zur Auffindung neuer Wahrheiten ist; indessen dieses Streben, das erst in seiner Erfüllung die volle wissenschaftliche Befriedigung findet, lehrt am besten, dass diese ausschliesslich auf dem logisch-deduktiven Wege erworben werden kann, dass nur die auf diesem Wege gewonnene Erkenntnis als eine vollkommene betrachtet wird.

Wie sollte nun dieses Sachverhältnis, welches auf den genannten Gebieten allgemein als richtig anerkannt wird, eine Änderung erleiden, sobald räumliche Beziehungen ins Spiel kommen? Wie sollte hier zwischen dem erkennenden Subjekt und seinem auf Denknotwendigkeit gerichteten, auf dem ewig gleichmässigen Satz vom Grunde beruhenden Verfahren noch Platz gefunden werden können für ein von Schopenhauer „Satz vom Grunde des Seins" betiteltes Unding, lediglich weil das Objekt der Betrachtung hier nicht durch abstrakte Zahlengebilde, sondern durch die eine der Formen der Anschauung gebildet wird? Anschauung und Kausalverknüpfung sind, wie wir immer wieder betonen müssen, durchaus heterogene Begriffe, deren Gebiete nirgends in einander greifen können.

Was Schopenhauer in seiner falschen Annahme besonders bestärkt hat, ist, wie die Stelle W. I, § 11, S. 61 [1]) deutlich erkennen lässt, wesentlich ein psychologisches Moment. Häufig giebt schon die blosse Anschauung ein „Gefühl" davon — wie Schopenhauer es ganz richtig bezeichnet —, dass das Sachverhältnis nicht nur in der vorliegenden Figur, sondern allgemein stattfinden müsse; und da der deduktive Weg der Begründung naturgemäss weiter ist, als das Bewusstwerden dieses „Gefühls", so entsteht die Meinung eines unnatürlichen, gekünstelten Umwegs. Besonders häufig, aber nicht ausnahmslos, beruht dieses „Gefühl" auf Symmetrie, wie z. B. in dem Satze, dass im gleichschenkligen Dreiecke die Basiswinkel gleich sind. — Aber ein ganz entsprechendes Gefühl lässt häufig auch auf den zuerst betrachteten, nichtanschaulichen Gebieten der Mathematik gleichfalls die Richtigkeit mancher Sätze mit subjektiver Überzeugungskraft erkennen, wie z. B. des oben erwähnten Eisensteinschen Satzes. Der ganze Unterschied besteht darin, dass die Raumvorstellung in jedem vorhanden ist, auf ihrem Gebiete sich dieses „Gefühl" da-

---

[1]) „........ wenn sogar die anschauliche Erkenntnis a priori der räumlichen Verhältnisse .... unter jenen Begriff" (des Gefühls) „gebracht wird, und überhaupt von jeder Erkenntnis, jeder Wahrheit, deren man sich nur erst intuitiv bewusst ist, sie aber noch nicht in abstrakte Begriffe abgesetzt hat, gesagt wird, dass man sie fühle." .... „Ich erinnere mich, in der Einleitung einer Verdeutschung des Eukleides gelesen zu haben, man solle die Anfänger in der Geometrie die Figuren erst alle zeichnen lassen, ehe man zum Demonstrieren schreite, weil sie alsdann die geometrische Wahrheit schon vorher fühlten, ehe ihnen die Demonstration die vollendete Erkenntnis beibrächte."

her leicht vielen aufdrängt, jenes Gebiet dagegen nur dem Kundigen so geläufig wird, dass er derartiger „Gefühle" fähig ist; ein Unterschied von offenbar äusserlicher, unwesentlicher Art. Die Erklärung für dieses „Gefühl" dürfte in dem Umstande zu suchen sein, dass, namentlich bei geistig regsamen Naturen, die Verknüpfung zusammenhängender Erscheinungen, gleichgiltig auf welchem Gebiete, zuweilen schneller erfolgt als ihre Umsetzung in abstrakte Begriffe, also scheinbar unbewusst, wie denn in solchen Fällen (z. B. in dem oben genannten Beispiele vom gleichschenkligen Dreieck) der Beweis in weiter nichts besteht als in der begrifflichen Fixierung und Ausgestaltung des vermeintlich unbewusst vollzogenen Gedankenganges, die bisweilen umständlich und schwerfällig erscheinen mag, immerhin aber notwendig ist, soll die Einsicht in den Zusammenhang mit vollkommener Deutlichkeit ins Bewusstsein treten.

Fernerhin ist der Umstand hervorzuheben, dass man gemeiniglich den Beweisen von grösserer Anschaulichkeit und von grösserer Kürze vor solchen mit langen Schlussketten und geringer Anlehnung an die Anschauung den Vorzug giebt, und das mit Recht. Der mit der Perzeption einer Reihe von Schlüssen beschäftigte Geist verliert während dieser Beschäftigung den Gegenstand der Beweisführung selbst notwendig aus dem Gedächtnis, und dieser Umstand bietet gleichfalls eine psychologische Erklärung für die Schopenhauersche Verirrung. Doch wird dieser in der Beschaffenheit des menschlichen Denkvermögens wurzelnde Übelstand auf ein möglichst geringes Mass zurückgeführt, wenn man sich die einzelnen Schritte der Beweisführung geistig bis zu dem Grade zu eigen macht, in welchem die auftretenden Schlüsse so schnell vollzogen werden, dass die Kontinuität der denselben entsprechenden anschaulichen Vorstellungen kaum noch unterbrochen wird. Dann w i r d der Erkenntnisgrund zum Seinsgrund, d. h.

dann erfüllt er das von Schopenhauer (W. I, § 14, S. 78[1])) aufgestellte Postulat bis zu dem Grade, in dem es überhaupt erfüllbar ist, ohne, wie dieses ausspricht, seinen objektiven Charakter zu ändern. Ein solches Verfahren ist auf jeden Beweis eines geometrischen Lehrsatzes anwendbar; selbst ein so gekünstelter Beweis wie z. B. der historische Beweis des pythagoräischen Lehrsatzes kann durch dasselbe dem anschaulichen Verständnis beliebig nahe gerückt werden. Dass aber solche Beweise, welche ein derartig vollständiges Zueigenmachen ihres Inhalts durch grössere Einfachheit und stärkere Anlehnung an die Anschauung erleichtern, bevorzugt werden, kann nicht wunder nehmen. Genau das Entsprechende findet übrigens auch bei den Beweisen auf den nicht anschaulichen Gebieten der Mathematik statt: auch hier bevorzugt man naturgemäss solche Beweise, deren Schlussreihen durchsichtig, einfach zu durchlaufen sind, ferner aber auch sich in ihren einzelnen Phasen von dem analytischen Gebilde selbst, auf das sich die Beweisführung bezieht, nicht allzu weit entfernen; auch hier wird fernerhin mit dem öfters wiederholten Bewusstwerden der einzelnen Schlüsse der Beweisführung die Einsicht in den inneren Zusammenhang des Beweises mit seinem Gegenstande erhöht.

Von welcher Seite sich Schopenhauer auch diesem

---

[1] „Daher muss es irgendwie möglich sein, jede Wahrheit, die durch Schlüsse gefunden und durch Beweise mitgeteilt wird, auch ohne Beweise und Schlüsse unmittelbar zu erkennen. Am schwersten ist dies gewiss bei manchen komplizierten mathematischen Sätzen, zu denen wir allein an Schlussketten gelangen . . . . : allein auch eine solche Wahrheit kann nicht wesentlich und allein auf abstrakten Sätzen beruhen, und auch die ihr zum Grunde liegenden räumlichen Verhältnisse müssen für die reine Anschauung a priori so hervorgehoben werden können, dass ihre abstrakte Aussage unmittelbar begründet wird."

Punkte seiner Erkenntnistheorie nähern mag, immer werden seine Betrachtungen schief und falsch. So will er (G., 8. Kapitel, § 48, S. 152 und 153[1])) den Umstand, dass der „Seinsgrund" (d. h. also nach unserer Auffassung der Erkenntnisgrund in seiner Anwendung auf Gegenstände räumlicher Ausdehnung) „fast überall" eine Umkehrung zulasse, unter Hinweis auf seine Ausführungen in § 37 der genannten Schrift, darauf zurückführen, dass „jede Linie die Lage der andern bestimmt", mit anderen Worten, auf die eigenartige Beschaffenheit der räumlichen Gebilde. Diese Möglichkeit falle „meistens" fort, wenn nicht, „von Lage der Linien, sondern von Flächeninhalt, abgesehn von der Figur, die Rede ist", wofür als Beispiel der Satz angeführt wird, dass Dreiecke mit gleicher Grundlinie und Höhe inhaltsgleich sind, der nicht die Umkehrung zulasse, dass alle inhaltsgleichen Dreiecke gleiche Grundlinien und Höhen besitzen. — Mit diesem Beispiele verhält es sich in Wirklichkeit folgendermassen. Die drei Eigenschaften Inhaltsgleichheit, Gleichheit der Grundlinien und Gleichheit der Höhen treten bei Dreiecken stets g l e i c h z e i t i g auf, so zwar, dass das Vorhandensein zweier dieser Eigenschaften auch die dritte bedingt. Dieses Sachverhältnis würde in

---

[1] „Nun ist es merkwürdig, dass dennoch in der Geometrie fast überall auch vom Dasein der Folge auf das Dasein des Grundes und vom Nichtsein des Grundes auf das Nichtsein der Folge geschlossen werden kann. Dies kommt daher, dass, wie § 37 gezeigt ist, jede Linie die Lage der andern bestimmt und es dabei einerlei ist, von welcher man anfangen, d. h. welche man als Grund und welche als Folge betrachten will. Man kann hievon sich überzeugen, indem man sämtliche geometrische Lehrsätze durchgeht. Nur da, wo nicht bloss von Figur, d. h. von Lage der Linien, sondern von Flächeninhalt, abgesehn von der Figur, die Rede ist, kann man meistens nicht vom Dasein der Folge auf das Dasein des Grundes schliessen, oder vielmehr die Sätze reziprozieren und das Bedingte zur Bedingung machen."

Euklidischer Darstellung in drei Lehrsätzen zum Ausdruck kommen können, von denen jedoch nur einer, eben der von Schopenhauer angeführte, als praktisch bedeutungsvoll aufgestellt zu werden pflegt. Schopenhauers Fehler ist der, dass er in der versuchten Umkehrung aus e i n e r dieser Bedingungen z w e i Folgerungen ableiten will. Damit ist die Hinfälligkeit auch dieses Versuches, den G e g e n s t a n d der Beweisführung mit der in Wirklichkeit von demselben gänzlich unabhängigen M e t h o d e derselben zu verquicken, dargethan.

An diesem Beispiele, wie an jedem anderen, kann man erkennen, dass das Wesen eines jeden geometrischen Satzes der Ausdruck der Thatsache ist, dass, wenn m Eigenschaften geometrischer Gebilde gleichzeitig auftreten, nur eine Anzahl derselben (n) von einander unabhängig sind, die übrigen ($m-n$) Eigenschaften aber mit den vorbezeichneten n Eigenschaften notwendig verbunden sein müssen. Der Ausdruck dieses Zusammenhanges würde, wenn diese n Eigenschaften aus der Gesamtzahl m b e l i e b i g ausgewählt werden dürften, auf ebenso vielen Wegen erfolgen können, als sich Kombinationsformen zur n. Klasse ohne Wiederholung von m Elementen bilden lassen, also auf $\dfrac{m.(m-1)\ldots\ldots(m-n+1)}{1.2.3\ldots\ldots\ldots n}$ (im obigen Beispiele $\dfrac{3.2}{1.2}=3$) Lehrsätze führen. Dass die Wirklichkeit hinter dieser Möglichkeit oft recht erheblich zurückbleibt, liegt daran, dass aus dem Erfülltsein von n beliebigen jener m Bedingungen logisch nicht folgt, dass die übrigen ($m-n$) Bedingungen gleichfalls erfüllt sein m ü s s e n, sondern nur, dass sie erfüllt sein k ö n n e n, dass also das kontradiktorische Gegenteil keiner derselben notwendig zutreffen muss, vorausgesetzt natürlich, dass zu jenen n Bedingungen nicht noch andere hinzutreten, die mit einer der übrig bleibenden ($m-n$) Bedingungen im Widerspruche stehen. Diese Möglichkeit wird zur logisch, d. h. von der Anschauung gänzlich unabhängig nachweisbaren Notwendigkeit nur dann, wenn für jeden sämtlicher, alle Möglichkeiten erschöpfenden Fälle bei Annahme von n Bedingungen das Eintreten eines bestimmten Falles hinsichtlich der übrig bleibenden ($m-n$) Eigenschaften nachgewiesen ist. Das charakteristische Merkmal einer solchen (apagogischen) Beweisführung erblicken wir demnach nicht, wie hergebracht, wesentlich darin, dass durch sie nicht direkt die Richtigkeit der Behauptung, sondern die Unrichtigkeit ihres kontradiktorischen Gegenteils nachgewiesen wird (denn beides ist im Grunde das nämliche): sondern darin, dass sie unabhängig von der spezifischen Beschaffenheit des Gegenstandes der Beweisführung, in der Geometrie also von anschaulichen Beziehungen, vielmehr auf rein logischem Wege, erfolgt. So verständlich demnach auch die grundsätzliche Abneigung erscheint, die Schopenhauer (W. I, § 15, S. 84[1]) gerade dieser Form der Beweisführung entgegenbringt, so wenig vermögen wir dieselbe zu teilen, da wir, wie oben dargethan, den Vorzug eines Beweises nicht sowohl darin erblicken, dass seine Schlussfolgerungen sich auf die Anschauung stützen, als vielmehr darin, dass sie ihre Beziehungen auf die anschaulichen Verhältnisse leicht erkennen lassen, was bei einem apagogischen Beweise häufig in höherem Masse der Fall ist als bei dem entsprechenden direkten. Zudem bieten die Sätze bei apagogischer Beweisführung den Vorteil grösserer Übersicht über das ganze bald engere, bald weitere Gebiet, welchem sie angehören. — Ein Beispiel für ein engeres Gebiet bilden die Umkehrungen der Sätze, dass im gleichschenkligen Dreieck die Basiswinkel gleich, im ungleichseitigen ungleich sind. Hier ist die Umkehrung statthaft und apagogisch

---

[1] „Oft schliesst ein apagogischer Beweis alle Thüren, eine nach der andern, zu, und lässt nur die eine offen, in die man nun bloss deswegen hinein muss."

nachweisbar, weil (s. S. 58) für jeden sämtlicher, alle Möglichkeiten erschöpfenden Fälle der einen Art (Gleichheit oder Ungleichheit der Seiten) das Eintreten eines bestimmten Falles der anderen Art (Gleichheit bezw. Ungleichheit der Basiswinkel) nachgewiesen ist. — Das Nämliche gilt von der umfangreichsten Gruppe apagogisch nachweisbarer Sätze, welche uns die elementare Planimetrie bietet, der Sätze nämlich, welche den notwendigen Zusammenhang zwischen der Lage zweier Kreise und dem Verhältnis der Länge ihrer Zentrale zur Summe und Differenz ihrer Radien ausdrücken: weil für jedes dieser fünf, alle Möglichkeiten erschöpfenden Verhältnisse sich eine bestimmte Lage der Kreise direkt nachweisen lässt, deshalb lassen sich die Umkehrungen dieser fünf Sätze sämtlich apagogisch beweisen. Nebenbei folgt hieraus noch, dass auch die Behauptungen sämtlicher ursprünglich aufgestellten Sätze alle möglichen Fälle erschöpfen müssen. — Dagegen lässt der Satz, dass im gleichschenkligen Dreieck die Höhe den Winkel an der Spitze halbiert, die apagogische Beweisführung seiner Umkehrung, dass, wenn letzteres der Fall, das Dreieck gleichschenklig sein müsse, nur in dem Falle zu, dass vorher der Satz aufgestellt und bewiesen wurde, dass im ungleichseitigen Dreiecke die Höhe den Winkel an der Spitze in zwei ungleiche Teile teilt.

Als Gesamtergebnis aller dieser Betrachtungen kann festgestellt werden, dass die blosse Anschauung räumlicher Gebilde lediglich die Vorstellung von einem thatsächlichen Zugleichsein von Erscheinungen im einzelnen Falle ergeben kann, welche erst durch das Eindringen in das Wesen dieser Erscheinungen und die Zurückführung derselben auf eine beschränkte Anzahl aus der Anschauung direkt sich ergebender, transcendentaler Wahrheiten (G., 5. Kapitel, § 32) an der Hand des Satzes vom Grunde zu dem Bewusstsein von der Notwendigkeit und damit der Allgemeingiltigkeit dieses Zugleichseins erhoben werden kann; dass der Satz vom Grunde aber auch bei dieser Anwendung derselbe bleibt, welchen wir als Satz vom Grunde des Erkennens kennen lernten und auch bei seiner Anwendung auf die Beziehungen materieller Veränderungen unter einander (als Ursache und Wirkung) unverändert wiederfanden.

Gegen die hier behauptete Allgemeingiltigkeit richtet sich die Behauptung Schopenhauers (G., 6. Kapitel, § 39, S. 137 [1]), der Euklidsche Beweis überzeuge eigentlich nur, dass der Satz gerade für die vorliegende Figur, nicht dass er allgemein gelte. Dieselbe erledigt sich durch die Erwägung, dass die jeweilige Figur nur als **Repräsentant ihres Begriffes** (vgl. das G., 5. Kapitel, § 28 von Schopenhauer selbst hierüber Gesagte) auftritt, insofern nur von denjenigen ihrer Eigenschaften Gebrauch gemacht wird, die dem unter ihr gedachten Begriffe eigen sind, ihre übrigen, zufälligen, d. h. individuellen Eigenschaften aber unberücksichtigt bleiben. — Unbegreiflich aber ist es, wie Schopenhauer wiederholt (G., 6. Kapitel, §39, S. 135 u. 136 [2]);

[1] Ja, es liesse sich sogar behaupten, dass man durch die gewöhnliche Methode der Beweise eigentlich nur überführt werde, dass beides in gegenwärtiger, zum Beispiel aufgestellter Figur zusammen da sei, keineswegs aber dass es immer zusammen da sei, von welcher Wahrheit (da die notwendige Verknüpfung ja nicht gezeigt wird) man hier eine bloss auf Induktion gegründete Überzeugung erhalte, die darauf beruht, dass bei jeder Figur, die man macht, es sich so findet."

[2] „Daher kommt es, dass man nach so einer geometrischen Demonstration zwar die Überzeugung hat, dass der demonstrierte Satz wahr sei, aber keineswegs einsicht, warum was er behauptet so ist, wie es ist: d. h. man hat den Seinsgrund nicht, sondern gewöhnlich ist vielmehr erst jetzt ein Verlangen nach diesem entstanden. Denn der Beweis durch Aufweisung des Erkenntnisgrundes wirkt bloss Überführung (convictio), nicht Einsicht (cognitio): er wäre deswegen vielleicht richtiger elenchus als demonstratio zu nennen. Daher kommt es, dass er gewöhnlich ein unangenehmes Gefühl hinterlässt,

W. I, § 15, S. 83[1]); ibid., S. 86[2])) der Auffassung Ausdruck geben konnte, ein Euklidscher Beweis zeige nur, dass, nicht warum der betreffende Satz Giltigkeit besitze, während doch schon die oberflächlichste Betrachtung lehrt, dass gerade das letztere den wesentlichen Vorzug eines (Euklidschen) Beweises zwar nicht vor der erträumten Begründung durch einen auf Anschauung beruhenden „Seinsgrund," wohl aber vor der blossen Anschauung bildet.

Betrachten wir nun die Beispiele, die Schopenhauer und nach ihm Kosack für solche Beweise geben, die sich auf den Seinsgrund stützen sollen. Charakteristisch für die ersteren ist, dass selbst J. C. Becker, Schopenhauers glühender Verehrer, sich (a. a. O., S. 49) zu dem Zugeständ-

---

wie es der bemerkte Mangel an Einsicht überall giebt, und hier wird der Mangel der Erkenntnis, warum etwas so sei, erst fühlbar durch die gegebene Gewissheit, dass es so sei."
.........„Hingegen gewährt der durch Anschauung erkannte Seinsgrund eines geometrischen Satzes Befriedigung, wie jede gewonnene Erkenntnis. Hat man diesen, so stützt sich die Überzeugung von der Wahrheit des Satzes allein auf ihn, keineswegs mehr auf den durch Demonstration gegebenen Erkenntnisgrund."

1) „........ während der blosse Erkenntnisgrund stets auf der Oberfläche bleibt, und zwar ein Wissen, dass es so ist, aber keines, warum es so ist, geben kann. Eukleides ging diesen letztern Weg, zum offenbaren Nachteil der Wissenschaft."

2) „Wir brauchen und dürfen also nicht, um bloss der letztern" (der logischen Gewissheit) „zu trauen, das eigentümliche Gebiet der Mathematik verlassen, um sie auf einem ihr ganz fremden, dem der Begriffe, zu beglaubigen. Halten wir uns auf jenem der Mathematik eigentümlichen Boden, so erlangen wir den grossen Vorteil, dass in ihr nunmehr das Wissen, dass etwas sei, eines ist mit dem, warum es so sei; statt dass die Eukleidische Methode beide gänzlich trennt und bloss das erstere, nicht das letztere erkennen lässt."

nis veranlasst sieht: „Schopenhauer . . . . . hat sich . . . . .
„nicht die Mühe genommen, zu zeigen, wie etwa die Geo-
„metrie behandelt werden müsse. Nur an einigen Bei-
„spielen versuchte er — und wie mich dünkt mit wenig
„Geschick — zu zeigen, wie etwa die verlangte Einsicht
„in den Seinsgrund erlangt werden könne." — Schopenhauer kritisiert den Euklidschen Beweis des Satzes, dass
ein Dreieck gleichschenklig ist, wenn seine Basiswinkel
gleich sind (G., 6. Kapitel, § 39, S. 136 und 137), wie
folgt: „In diesem Beweis haben wir einen Erkenntnisgrund
„der Wahrheit des Lehrsatzes. Wer gründet aber seine
„Überzeugung von jener geometrischen Wahrheit auf die-
„sen Beweis? und nicht vielmehr auf den durch Anschau-
„ung erkannten Seinsgrund, vermöge welches (durch eine
„Notwendigkeit, die sich weiter nicht demonstrieren, sondern
„nur anschauen lässt), wenn von den beiden Endpunkten
„einer Linie sich zwei andre gleich tief gegeneinander
„neigen, sie nur in einem Punkt, der von jenen beiden
„Endpunkten gleich weit entfernt ist, zusammentreffen kön-
„nen, indem die entstehenden zwei Winkel eigentlich nur
„einer sind, der bloss durch die entgegengesetzte Lage als
„zwei erscheint, weshalb kein Grund vorhanden ist, aus
„dem die Linien näher dem einen als dem andern Punkte
„sich begegnen sollten." — Der aus der ziemlich unklaren
Fassung dieser Beweisführung herauszuschälende Kern besteht darin, dass die Symmetrie des Dreiecks in Bezug auf
die Basiswinkel auch die Symmetrie in Bezug auf die Seiten
vermuten lasse, und zwar in einem Grade, der sich zu
subjektiver Überzeugung steigern kann. (Vgl. das hierüber oben S. 53 und 54 allgemein Gesagte.) Der an derselben Stelle angegebene Beweis des Euklid besteht nun
in weiter nichts als der logischen Herleitung des durch
die Anschauung nahe gelegten Sachverhältnisses durch
Zurückführung auf den Satz vom Widerspruch, während
Schopenhauer dieselbe nicht durchführt, sondern nur an-

deutet („weshalb kein Grund vorhanden ist, aus dem die „Linien näher dem einen als dem andern Punkte sich begegnen sollten"), also eigentlich nur darzuthun versucht, dass sich das kontradiktorische Gegenteil der Behauptung nicht als notwendig zutreffend erweisen lässt, und zwar wohl von der Anschauung ausgehend, aber auf logischem Wege.

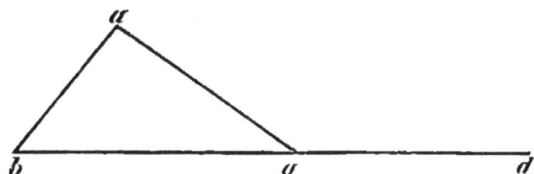

Weiter (G., 6. Kapital, §39, S. 137): „In jedem Dreieck, dessen eine Seite verlängert worden, ist der äussere „Winkel grösser als jeder der beiden gegenüberstehenden „innern." Schopenhauer beweist diesen Satz (ibid., S. 138) folgendermassen: „Damit Winkel b a g nur gleichkomme, „geschweige übertreffe, Winkel a g d, müsste (denn das „eben heisst Gleichheit der Winkel) die Linie b a auf g a „in derselben Richtung liegen wie b d, d. h. mit b d parallel sein, d. h. nie mit b d zusammentreffen: sie muss „aber (Seinsgrund), um ein Dreieck zu bilden, auf b d „treffen, also das Gegenteil dessen thun, was erfordert „wäre, damit Winkel b a g nur die Grösse von a g d erreichte."

„Damit Winkel a b g nur gleich komme, geschweige „übertreffe, Winkel a g d, müsste (denn das eben heisst „Gleichheit der Winkel) die Linie b a in derselben Richtung auf b d liegen wie a g, d. h. mit a g parallel sein, „d. h. nie mit a g zusammentreffen: sie muss aber, um „ein Dreieck zu bilden, auf a g treffen, also das Gegenteil thun von dem, was erfordert wäre, damit Winkel „a b g nur die Grösse von a g d erreichte." —

Abgesehen davon, dass hier auf einem strittigen Gebiete, dem der Parallelentheorie, eine willkürliche Annahme gemacht wird (Gleichheit zweier Wechselwinkel heisst

Parallelsein der Linien), ist es unerfindlich, worin sich das
Wesen dieses Beweises von dem des heute üblichen, der
allerdings gegen den Euklidschen erheblich vereinfacht ist,
unterscheiden soll. Denn er macht zwar von anschaulichen
Beziehungen Gebrauch, seine Folgerungen aber stützen
sich auf den Satz des Widerspruchs, erfolgen also lediglich nach einem logischen Prinzip.

Für das beste Beispiel hält Schopenhauer offenbar
den besonderen Fall des pythagoräischen Lehrsatzes, dass
das rechtwinklige Dreieck zugleich ein gleichschenkliges
ist, da er dasselbe zweimal anführt (W. I § 15, S. 87 und
G., 6. Kapitel, § 39, S. 139), indem der blosse Anblick
der nachstehenden Figur sofort zur Überzeugung von der

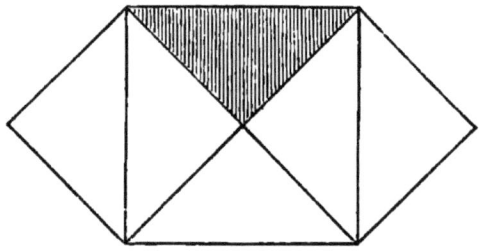

Richtigkeit des Satzes für diesen Spezialfall führe. —
Und doch ist es nicht die blosse Anschauung, welche diese
Überzeugung gewährt, sondern (vgl. oben S. 54 und 55)
die infolge häufiger Übung und wegen der in diesem
Falle vorliegenden Einfachheit und Durchsichtigkeit fast
unbewusst erfolgende Zurückführung des Satzes auf die
(begriffliche) Definition: Zwei Figuren heissen inhaltsgleich,
wenn sie sich in kongruente Stücke zerlegen lassen. Hier
lässt sich (logisch, nicht anschaulich) nachweisen, dass
diese Bedingung erfüllt ist, folglich u. s. w. Sobald man
das entsprechende Verfahren auf den allgemeinen Fall
des pythagoräischen Lehrsatzes anwendet, verliert die Betrachtung so viel von ihrer Einfachheit, dass niemand mehr
der Täuschung anheimfallen wird, die blosse Anschauung
führe zur Überzeugung von der Notwendigkeit.

Diesen Beispielen hat Kosack (a. a. O.) ein weiteres hinzugefügt, indem er für den Satz, dass die Winkelsumme jedes Vielecks $(2n-4) \cdot R$ beträgt, einen neuen Beweis beibringt, dessen Kernpunkt darin besteht, dass die Summe sämtlicher Aussenwinkel desselben $4R$ betragen muss; was natürlich nur durch deduktive Schlussweise, also auf dem Boden des Erkenntnisgrundes, dargethan werden kann.

Wir sehen also: die wenigen Beispiele, die Schopenhauer und sein Anhänger für einen auf den sogenannten Seinsgrund gestützten Beweis aufführen zu können vermeinen, sind Versuche, den in ihnen, wie in jedem andern Beweise herrschenden logischen Gedankengang teils durch Unklarheit des Ausdrucks und Unvollständigkeit der Durchführung zu verdunkeln, teils durch möglichstes Heranziehen anschaulicher Beziehungen in den Hintergrund zu drängen, ohne ihn je entbehren zu können.

Unmittelbar einleuchtend ist die Verkehrtheit des Schopenhauerschen Versuches, auch die Vorstellung der Zeit, als der zweiten Grundform der Anschauung, auf den Satz vom Grunde zurückzuführen. Der Raum mit seinen drei Dimensionen gewährt die Möglichkeit einer grossen Mannigfaltigkeit von Vorstellungen (Geometrie), die noch erheblich vermehrt wird, wenn die Anschauungsform der Zeit (Mechanik) und gewisse empirisch gewonnene Begriffe (Elastizitätslehre, Hydrodynamik, Akustik, Optik) hinzugenommen werden. Diese Vorstellungen stehen unter einander in Beziehungen, die durch Anwendung des Satzes vom Grunde aufgedeckt werden. Schopenhauers Fehler bestand darin, dass er speziell bei der Anwendung auf Vorstellungen der erstgedachten Art (Geometrie) von dem Satze vom Grunde, der in Wahrheit hier wie überall seinen diskursiven Charakter beibehält, behauptete, er gehe selbst in die Form der Anschauung ein, auf die er Anwendung finde, und ihn schliesslich mit dieser Form geradezu identifizierte. — Bei der Zeit aber mit ihrer einzigen Dimension fällt, sofern sie für sich allein betrachtet wird, die Anwendung des Satzes vom Grunde überhaupt fort, weshalb es unmöglich erscheint, auch sie auf den Satz vom Grunde zurückführen zu wollen. Aber Schopenhauer scheut, wahrscheinlich um die Einheitlichkeit seines Systems nicht preiszugeben, auch vor dieser Ungereimtheit nicht zurück (G., 6. Kapitel, § 38; W. I., § 4, S. 9 [1])). Er substituiert also der blossen Succession den Begriff eines notwendigen Zusammenhanges nach dem Satz vom Grunde, ohne auch nur den Versuch eines Beweises für die Berechtigung zu dieser willkürlichen Vereinigung zweier ihrem Wesen nach grundverschiedenen Begriffe zu machen, während er in derselben Schrift, in der diese Auffassung zum Ausdruck kommt (G., 4. Kapitel, § 23), Kants Versuch, die „bestimmte Ordnung der Succession, durch welche allein „das Wahrgenommene Erfahrung wird, d. h. zu objektiv „giltigen Urteilen berechtigt," auf den „reinen Verstandes-„begriff von Ursach und Wirkung" zurückzuführen, in eingehender Ausführung zurückzuweisen versucht hatte. Man kann hier wirklich von ihm sagen, was er selbst (W. I, Anhang, S. 509 [2]); ibid., S. 557 [3]); ibid., S. 583 [4])) in Be-

---

[1]) „Wer die Gestaltung des Satzes vom Grunde, welche in der reinen Zeit als solcher erscheint . . . . . . erkannt hat, der hat eben damit auch das ganze Wesen der Zeit erkannt. Sie ist weiter nichts, als eben jene Gestaltung des Satzes vom Grunde, und hat keine andere Eigenschaft. Succession ist die Gestalt des Satzes vom Grunde in der Zeit; Succession ist das ganze Wesen der Zeit."

[2]) „Aus dieser" (der Tafel der Urteile) „deduziert er ein richtiges Dutzend Kategorien, symmetrisch unter vier Titeln abgesteckt, welche späterhin das furchtbare Bett des Prokrustes werden, in welches er alle Dinge der Welt und alles was im Menschen vorgeht gewaltsam hineinzwängt, keine Gewaltthätigkeit scheuend und kein Sophisma verschmähend, um nur die Symmetrie jener Tafel überall wiederholen zu können."

[3]) „. . . . . . sondern sie" (die Kategorientafel) „ist auch

zug auf die Kategorientafel von Kant sagt: Der Satz vom Grunde ist das furchtbare Prokrustesbett, in das jede Form der Vorstellung, ob anschaulich oder blosser Begriff, hineingezwängt werden muss. Oder aber man kann, wie er selbst (W. I, Anhang, S. 509[5]); ibid., S. 510[6])) als die oberste Richtschnur Kants die Symmetrie bezeichnet, als seine eigene höchste Richtschnur die Zurückführung aller Mannigfaltigkeit der Formen der Vorstellung auf eine einzige derselben, die des Satzes vom Grunde, bezeichnen, die aber an dem grossen Fehler leidet, in der von ihm angenommenen Beschaffenheit nicht existieren zu können, da sie unvereinbare, weil sich widersprechende Eigenschaften in sich vereinigen soll.

Jede Herleitung eines Resultates aus gegebenen Prämissen trägt, wie wir gesehen haben, insofern sie nach dem Satz vom Grunde erfolgt, also von der Vorstellung der Notwendigkeit begleitet ist, einen diskursiven Charakter, das Gebiet dieser Anwendung möge sein, welches es wolle. Auch anschaulich gegebene Vorstellungen müssen, um in die logische Kategorie der Beziehung zwischen Grund und Folge einzugehen, in Begriffe umgesetzt werden. In dem Streben Schopenhauers, alle Erkenntnisquellen apriorischer Beschaffenheit, oder mit andern Worten, alle diejenigen, die sich nur auf die Form aller möglichen Vorstellungen

---

recht eigentlich das Bett des Prokrustes geworden, in welches Kant jede mögliche Betrachtung hineinzwängt, durch eine Gewaltthätigkeit ......"

4) „Die Kategorien waren für jedes mögliche Ding ein Bett des Prokrustes, aber die drei Arten der Schlüsse sind es nur für die drei sogenannten Ideen."

5) „Denn eine ganz individuelle Eigentümlichkeit des Geistes Kants ist ein sonderbares Wohlgefallen an der Symmetrie."

6) „Zufolge seines" (Kants) „obersten Leitfadens zu aller Weisheit, nämlich der Symmetrie, ..."

beziehen, auf eine einzige derselben zurückzuführen, — einem Streben, dessen Verkehrtheit namentlich dort deutlich zu Tage tritt, wo diese letztere, die einen durchaus diskursiven Charakter trägt, auch auf rein intuitive Grundvorstellungen (Zeit, Raum, Materie) ausgedehnt werden soll, — kann man ein Seitenstück erblicken zu der von Schelling, allerdings zu ganz anderen Zwecken, aufgestellten Behauptung einer sogenannten „Vernunftanschauung," die Schopenhauer (G., 4. Kapitel, § 20, S. 40[1]); G., 5. Kapitel, § 34) nicht müde wird mit scharfem Spotte zurückzuweisen. Wie hier einem geistigen Vermögen von rein diskursiver Bethätigungsart willkürlich die Fähigkeit zu anschaulicher Erkenntnis zugeschrieben wird, so versucht Schopenhauer mit nicht geringerer Willkür, auch solche Erkenntnisse a priori, die lediglich aus reiner Anschauung hervorgehen, wie z. B. (G.,5. Kapitel, §32) den Satz: „Zwei gerade Linien schliessen. keinen Raum" (soll heissen keinen Teil einer Ebene) „ein," einer Erkenntnisform rein diskursiver Beschaffenheit (dem Satz vom Grunde) zuzuschreiben. Weil eben um dieser Ausdehnung willen der Satz vom Grunde bei Schopenhauer diesen seinen diskursiven Charakter notwendig einbüssen muss, so verflüchtigt er sich zu einem fast ganz inhaltsleeren Begriff, und dieser Umstand allein ermöglicht es, ihn mit dem Begriff der Notwendigkeit zu identifizieren: „Notwendig sein" und „aus gegebenem Grunde folgen" seien, wie Schopenhauer (G., 4. Kapitel, § 23, S. 90 und 91[2]); G., 8. Kapitel, § 49; W. I, § 7,

---

1) „..... so erfänden wir eine neue Vernunft, von der bis dahin noch kein Mensch etwas gehört hatte, eine Vernunft, welche nicht denkt, sondern unmittelbar anschaut, Ideen .... anschaut."

2) „Die Notwendigkeit aber einer Succession zweier Zustände, d. h. einer Veränderung, erkennen wir bloss durch den Verstand, mittelst der Kausalität." .... „Der Satz vom zureichenden Grunde überhaupt ist Ausdruck der im Innersten

S. 40¹); W. 1, § 15, S. 88²); W. I, Anhang, S. 549³)) wiederholentlich hervorhebt, Wechselbegriffe. Dabei ist aber übersehen, dass der Begriff der „Notwendigkeit" lediglich ein Postulat enthält, ein blosses Gefäss ist, das mit Inhalt zu versehen eben das wesentlichste Problem der Erkenntnistheorie bildet. Schopenhauer ist demnach wieder genau auf dem Punkte angelangt, von dem er ausgegangen war. Sein Verfahren ist etwa dem eines Rechners zu vergleichen, der, um eine Anzahl von Unbekannten zu finden, von der gleichen Anzahl von Gleichungen ausgeht, die aber nicht sämtlich unabhängig von einander sind. Wie dieser nach mühseligen Rechnungen schliesslich zu einer identischen Gleichung gelangt, so kommt Schopen-

unsers Erkenntnisvermögens liegenden Grundform einer notwendigen Verbindung aller unsrer Objekte, d. h. Vorstellungen: er ist die gemeinsame Form aller Vorstellungen und der alleinige Ursprung des Begriffes der Notwendigkeit, als welcher schlechterdings keinen andern wahren Inhalt, noch Beleg, hat, als den des Eintritts der Folge, wenn ihr Grund gesetzt ist."

1) „..... alle Notwendigkeit aber" (stützt sich) „ganz allein auf den Satz vom Grund; weil notwendig sein und aus gegebenem Grunde folgen — Wechselbegriffe sind."

2) „Das Verhältnis des Grundes zur Folge ist, in der einen wie in der andern seiner Gestalten, ein notwendiges, ja es ist überhaupt der Ursprung, wie die alleinige Bedeutung, des Begriffs der Notwendigkeit. Es giebt keine andere Notwendigkeit, als die der Folge, wenn der Grund gegeben ist, und es giebt keinen Grund, der nicht Notwendigkeit der Folge herbeiführte."

3) „Ich behaupte, dass Notwendigsein und Folge aus einem gegebenen Grunde sein, durchaus Wechselbegriffe und völlig identisch sind. Als notwendig können wir nimmermehr etwas erkennen, ja nur denken, als sofern wir es als Folge eines gegebenen Grundes ansehen: und weiter als diese Abhängigkeit, dieses Gesetztsein durch ein anderes und dieses unausbleibliche Folgen aus ihm, enthält der Begriff der Notwendigkeit schlechthin nichts. Er entsteht und besteht also einzig und allein durch Anwendung des Satzes vom Grunde."

hauer, indem er die verschiedenen Wege verfolgt, wie man zu synthetischen Urteilen a priori, deren Inhalt den Charakter der Notwendigkeit tragen, zu gelangen vermag, durch willkürliche Zusammenfassung derselben unter einen gemeinsamen Begriff, dessen ursprünglicher Bedeutung zu diesem Behufe in einem solchen Grade Gewalt angethan werden muss, dass er gänzlich inhaltsleer wird, schliesslich gleichfalls zu dem rein identischen Endergebnis: Notwendigkeit gleich Folge aus gegebenem Grunde, — d. h. gleich Notwendigkeit. Einzig und allein das Streben, der rechten Seite dieser Gleichung einen bestimmten, über den der linken Seite hinausgehenden Inhalt beizulegen, hat ihn zu einer Anzahl von Irrtümern verleitet, die im Verlaufe unserer Untersuchung zu Tage traten, während in anderen Fällen, in denen es wirklich der Satz vom Grunde, und zwar der echte, also nach Schopenhauer der Satz vom Grunde des Erkennens, ist, der die Notwendigkeit eines Urteils bedingt, derselbe gewaltsam durch eine andere, unmögliche Form dieses Satzes ersetzt wird. Dies letztere gilt beispielsweise von Schopenhauers Beurteilung des Euklidschen Beweisverfahrens. In diesen Fällen macht Schopenhauer den umgekehrten Fehler wie der Urheber des ontologischen Beweises vom Dasein Gottes, den er selbst (G., 2. Kapitel, § 7 S. 10[1])) so treffend kritisiert. Während dort aus einem blossen Begriff (Vollkommenheit) das

---

[1]) „Beim Lichte und unbefangen betrachtet ist nun dieser berühmte ontologische Beweis wirklich eine allerliebste Schnurre. Da denkt nämlich einer, bei irgend einer Gelegenheit, sich einen Begriff aus, den er aus allerlei Prädikaten zusammensetzt, dabei jedoch Sorge trägt, dass unter diesen, ... auch das Prädikat der Realität oder Existenz sei. .... Demgemäss holt nun jener aus seinem beliebig erdachten Begriff auch das Prädikat der Realität, oder Existenz, heraus: und darum nun soll ein dem Begriff entsprechender Gegenstand, unabhängig von demselben, in der Wirklichkeit existieren!"

Sein erschlossen werden soll, will er aus dem blossen Sein in Raum und Zeit den Begriff des Folgens aus gegebenem Grunde ableiten (G., 6. Kapitel, § 36; W. I, Anhang, S. 549 [1])), — eine Schlussweise, die genau so unstatthaft ist wie die viel geschmähte des Anselm von Canterbury.

[1] „Daher giebt es, gemäss den verschiedenen Gestaltungen dieses Satzes" (vom Grunde), „ein physisch Notwendiges (der Wirkung aus der Ursache), ein logisch (durch den Erkenntnisgrund, in analytischen Urteilen, Schlüssen u. s. w.), ein mathematisch (nach dem Seinsgrunde in Raum und Zeit), und endlich ein praktisch Notwendiges."

Lebenslauf.

Ich, Heinrich Leonhard, evangelischer Konfession, bin am 29. Juli 1854 als Sohn des Justizrats Leonhard zu Grünberg in Schlesien geboren. Von 1862 bis 1867 auf der Realschule meiner Vaterstadt, späterhin auf dem Maria Magdalenen-Gymnasium in Breslau vorgebildet, wurde ich 1873 von letzterer Anstalt mit dem Zeugnis der Reife entlassen und widmete mich auf den Universitäten Breslau, Heidelberg und Berlin mathematischen, physikalischen und philosophischen Studien. Ich hörte Vorlesungen der Herren Professoren: F. Cohn, Rosanes; — K. Fischer, Fuchs, G. Kirchhoff, Königsberger, Quincke; — Bruns, Dühring, Helmholtz, G. Kirchhoff, Kronecker, Kummer, Paulsen, Wangerin, Weierstrass, war auch mehrere Semester hindurch Mitglied der mathematischen Seminarien in Heidelberg und in Berlin. Allen den genannten hochverehrten Lehrern, insbesondere den Herren Königsberger und Weierstrass, schulde ich wärmsten Dank für wissenschaftliche Förderung. Im Jahre 1879 zu Berlin pro facultate docendi geprüft, wurde ich nach zurückgelegtem Probejahr an das Gymnasium in Bochum berufen.

Thesen.

1. Die von Schopenhauer geforderte, auf dem Seinsgrunde im Raume beruhende Beweisführung kann nicht als genetische Beweismethode ausgedeutet werden.

2. Der Schopenhauersche Pessimismus bildet keinen organischen Bestandteil seiner philosophischen Weltanschauung.

3. Die analytische Geometrie auch auf dem humanistischen Gymnasium als Lehrgegenstand einzuführen, ist eine wohl begründete Forderung.

4. Die Zahl der auf dem Gymnasium dem Unterricht im Deutschen gewidmeten Stunden genügt nicht zur vollständigen Erreichung des Lehrzieles.